<그리스도인이면 꼭 알아야 할 성경 지식>

성경은 과학에 관해 무엇이라고 말씀하는가?

서울솔로몬학교 성경연수원

차 례

이 책에 인용된 성경 구절은 〈한글킹제임스성경〉입니다.

제1과
하나님의 도전 : “땅의 기초를 놓을 때 어디 있었느냐?”

『“지식이 없는 말로 이치를 어둡게 하는 이 자가 누구냐? 너는 이제 남자답게 네 허리를 동이라. 내가 너에게 요구할 것이니 너는 내게 대답하라. 내가 땅의 기초들을 놓을 때 네가 어디 있었느냐? 네게 명철이 있다면 분명히 밝히라』(욥 38:2-4).

아직도 유효한 제안

욥기 38장에는 과학에 관한 40여 가지 질문들이 나온다. 하나님께서는 욥에게 "남자답게 허리를 동이고 그 질문들에 답변해 보라."라고 말씀하신다(3절). 41장까지 이어지는 이 질문들 안에는 물리학, 천문학, 지질학, 음성학, 생태학, 기후학 등 여러 분야의 과학적인 내용들이 포함되어 있다. 〈과학과 성경의 조화, Harmony of Science and Scripture〉의 저자인 해리 림머(1890-1952) 박사는 어느 과학 회의에서 욥기 38장에 나오는 질문들에 대해 답변해 보라고 거기에 모인 과학자들에게 도전한 적이 있었다. 그들 중에 한 과학자가 25가지 질문에 대해 답변한 것이 그나마 나은 성적이었고, 그 외에 대부분의 과학자들은 제대로 답변하지 못했다. 또한 그는 성경에서 과학적 오류를 입증할 수 있는 사람에게는 (당시로서는 상당히 큰 금액인) 1천 달러를 주겠다고 제안하기도 했다. 하지만 그때나 지금이나 어떤 과학자들도 성경에서 오류를 찾아내지 못했다. 이 제안은 아직도 유효하다!

■ 새롭게 깨달았거나 적용할 내용이 있다면 적어 보세요. ■

하늘의 규례들을 아느냐?(욥 38:33)

태초에 하늘과 땅이 창조될 당시에는 하나님 한 분만 계셨기 때문에, 이 세상에서 "하늘의 규례들"을 정확히 알고 설명할 수 있는 사람은 아무도 없다!

1. 행성 및 별들의 생성과 운동

이 세상에서 우주의 나이가 얼마이고, 하늘의 별들이 언제부터 존재해 왔는지, 그 생성 기원과 연대에 대해 정확하게 증명하고 설명할 수 있는 과학자는 단 한 사람도 없다. 동일한 "태양계 안"에서 유독 "금성"만이 다른 행성들과 반대로 "동쪽에서 서쪽으로" 자전하는 이유를 아는 사람도 없다.

한편 "천왕성"이 왜 가로로 누워서(자전축이 98°임) 자전하고 있는지도 모른다. 같은 태양계 안에 있으면서도 지구의 대기와 해왕성의 대기가 다른 이유도 설명하지 못한다. 또한 성운들 중에서 어떤 성운들은 검고, 어떤 성운들은 검지 않은지, 그 이유에 대해 아는 사람도 없다. 『**네가 하늘의 규례들을 아느냐? 네가 그 통치를 땅에 펼 수 있느냐?**』(욥 38:33)

2. 북쪽 위에 있는 광활한 "빈 공간"과 허공에 떠 있는 지구

『그는 북쪽을 빈 자리에 펼치시고 땅을 허공에 매다시는도다』(욥 26:7).

사람들은 북쪽 위에 있는 "광활한 빈 공간"이 어디에 있는지 모른다. 우주에서 가장 높은 장소, 곧 하나님께서 『**빈 자리**』(욥 26:7)에 펼쳐 놓으신 우주의 "북편" 유리 바다(욥 38:30) 근처에는 접근조차 하지 못했다. 하나님께서는 『**원형의 지구**[the circle of the earth]』(사 40:22)를 허공에 매달아 놓으셨는데(욥 26:7), 주님께서 그것을 어떻게 매다셨는지, 또 그 땅의 기초들을 무엇 위에다 고정시키셨는지(욥 38:6) 유한한 인간의 지혜로는 정확하게 알기가 어렵다. 분명한 것은 주님께서 그 지구를 『**능력의 말씀**』(히 1:3)으로 허공에서 붙들고 계신다는 사실이다.

3. 태양보다 먼저 창조된 지구

성경에 의하면 태양은 7일 간의 재창조 주간 중 "넷째 날"에 창조되기 때문에(창 1:14-19), 처음 3일 동안은 지구가 태양이 없는 상태에서 움직이고 있었다.

과학자들은 위 사실을 믿지 않는데, 그들의 "칸트 - 라플라스의 성운설"[1]에 따르면 태양은 지구보다 먼저 존재했어야 하기 때문이다. 그래서 과학자들은

1) "칸트"가 처음으로 주장하고 "라플라스"가 보완한 "태양계의 생성 기원"에 관한 가설로서, 이를 요약하면 다음과 같다. "처음에는 하나의 거대한 성운 또는 가스 물질이 있었다. 그런데 이 원시 성운이 갑자기 회전하기 시작하고 중력에 의해 수축되더니 그 중심에 태양이 형성되었다. 이후 회전 속도가 더욱 증가함에 따라 여러 행성들이 하나씩 차례로 떨어져 나와 오늘날의 태양계가 형성되었다."

태양이 지구 공전 궤도의 정확한 중심에 있어야 하고, 나중에 태양에서 떨어져 나온 지구는 태양을 중심으로 "**정확한 원**"을 그리면서 공전하고 있다는 주장을 했었다.

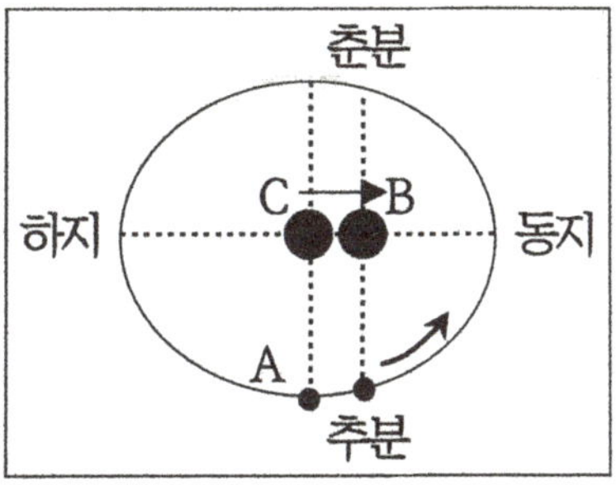

한편 독일의 천문학자 "요하네스 케플러"(1571-1630)가 실제로 관측해 보았더니, **태양은 "궤도의 중심"(C)이 아니라 그보다 "약간 벗어난 곳"(B)에 위치해 있고**, 이로 인해 지구는 완전한 원이 아니라 **약간 기울어진 "타원"을 그리며 공전하고 있다는 사실**을 발견했다(케플러의 제1법칙 - "타원 궤도의 법칙"). 여기에서 "약간 벗어난 곳"이란 태양이 지구를 비추기에 가장 적합했던 장소로서, "넷째 날"에 하나님께서 태양을 "두셨던"(set) 바로 그 위치이다(창 1:17). 재창조 주간 첫째 날에 지구는 위 그림에서 A지점을 출발하여 궤도를 따라 돌기 시작했다. 그리고 넷째 날이 되었을 때 "추분"의 위치에 오게 되는데, 바로 이 날에 하나님께서는 태양을 창조하시어 B지점에 두셨다. B지점은 궤도의 중심(C)에서 "약간 벗어난 위치"로서 B와 C사이의 거리는 지구가 "3일 동안" 이동한 거리에 해당한다.

케플러는 이와 연관된 법칙을 어떻게 알았을까? 우주를 창조하신 하나님께서 그에게 지혜를 주시지 않았다면 그 역시 몰랐을 것이다. 아닌 게 아니라 케플러는 천문학을 연구할 때 항상 다음과 같은 자세를 견지했다고 한다. "나는 항상 하나님 뒤에서 그분의 생각을 생각한다." 그리고 그는 다음과 같이 말했다. "나는 하나님의 섭리적인 개입이 있었기에, 나 자신만의 노력으로는 결코 발견할 수 없었던 것을 발견하게 되었다고 믿는다."

4. 하늘의 규례들을 아느냐?

인간은 하늘의 별들을 셀 수 없다. 오리온의 띠를 풀 수도 (욥 38:31), 열두 궁성을 시기를 따라 불러낼 수도 없다 (욥 38:32). 목소리를 구름에까지 높여 많은 물들을 내리게 할 수 없고 (욥 38:34), 육안으로 확인되는 첫째 하늘의 구름조차 셀 수 없다(욥 38:37). 왜냐하면 인간의 지혜로는 결코 "하늘의 규례들"을 알 수 없기 때문이다.

땅의 기초들을 놓을 때 어디 있었느냐?(욥 38:4)

1. 과학이 성경을 절대로 따라올 수 없는 이유

"성경의 저자"께서는 "역사의 저자"이시고 "만물의 창조를 시작하신 하나님"이시기 때문에 과학은 성경을 절대로 따라올 수 없다. 하나님께서 땅의 기초들을 놓으셨을 때 그 창조의 현장에 동참했던 과학자는 동서고금을 막론하고 단 한 명도 없었다. 『**내가 땅의 기초들을 놓을 때 네가 어디 있었느냐?**』(욥 38:4) 라마르크, 로버트 챔버스, 찰스 라이엘, 찰스 다윈, 토마스 헉슬리, 허버트 스펜서, 에른스트 해켈, 아사 그레이, 알버트 아인슈타인, 스티븐 호킹 등 어떤 과학자도 그 자리에 없었다. 거기에 없었기 때문에 우주와 생명의 기원에 관한 한, 어떤 과학자도 함부로 입을 열어서는 안 된다. 『**태초에 하나님**

께서 하늘과 땅을 창조하셨느니라』(창 1:1). 성경의 가장 첫 번째 장, 첫 번째 구절에서 말씀하는 이 위대한 선포 앞에 어떤 의문이나 이의를 제기해서는 안 되는 것이다.

2. 지구(땅)의 치수

『누가 그 치수를 재었는지 네가 아느냐? 누가 그 위에 측량줄을 띄웠느냐?』(욥 38:5).

인간이 거주하는 지구는 지름이 약 12,756km이고, 둘레는 약 40,000km이며, 면적은 5억km^2, 무게는 6×10^{24}kg 정도 되어야 한다고, 누가 그 치수를 재서 허공에 매달아 고정시켜 놓았는지(욥 38:6) 알고 있는가? 또한 1초에 약 465m의 속도로 자전해야 하고, 약 30km의 속도로 공전해야 한다고 누가 정해 놓았는지 알고 있는가?

3. 공기(대기)의 무게와 순환

1640년경 이탈리아의 물리학자 "에반젤리스타 토리첼리"(1608-1647)가 "공기의 무게"(1기압은 76mmHg)를 잴 수 있기 약 3,400년 전, 성경은 이미 하나님께서 **『바람의 무게를 다시며 물을 달아 무게를 재심이라.』**(욥 28:25, B.C. 1780년)라고 말씀한다.

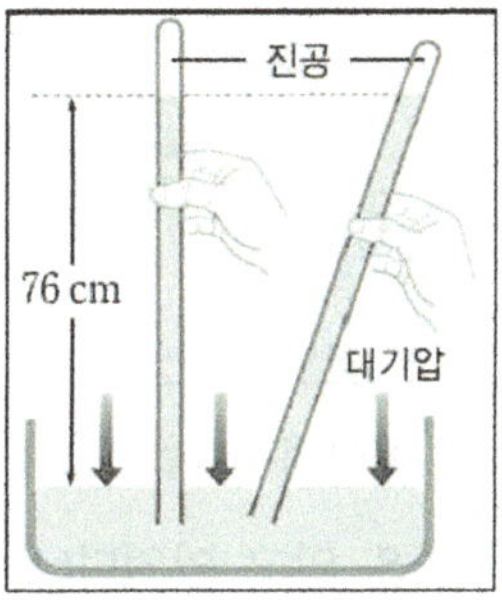

성경은 "대기의 순환"에 대해서도 말씀한다. **『바람은 남으로 불다가 북으로 돌이키며, 계속해서 돌며 불다가**

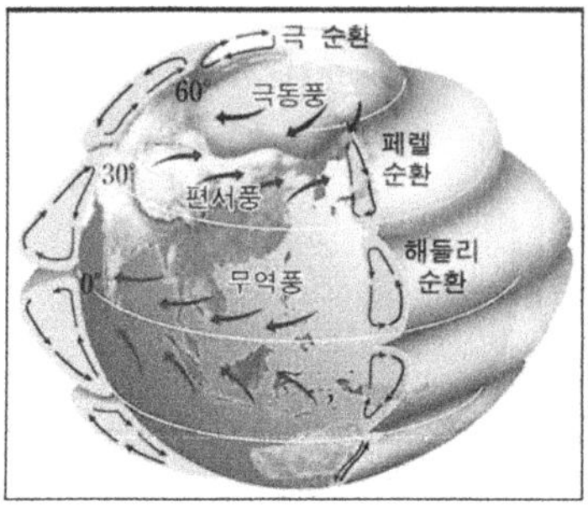

그 순환을 따라 다시 돌아가는도다』(전 1:6, B.C. 977년). 그로부터 약 2,700년이 지나고 나서야 비로소 영국의 물리학자 "조지 해들리"(1685-1768)가 1735년에 "대기의 순환"에 대해 처음으로 주장했고, 이후 19세기에 들어와서는 프랑스의 기계학자 "가스파드 코리올리"(1792-1843)와 미국의 기상학자 "윌리엄 페렐"(1817-1891)이 북반구와 남반구에서 반대 방향으로 휘어져 나가는 "대기의 움직임"을 증명했다.

4. 물의 순환과 세 가지 상태

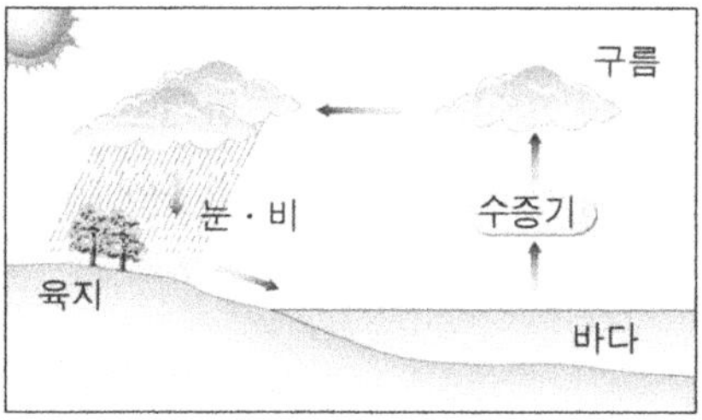

"물의 순환"은 프랑스의 기상학자 "피에르 페로"(1608-1680)와 프랑스의 물리학자 "에듬 마리오트"(1620-1684)가 발견하기 약 2,600년 전에, 이미 성경에 계시되어 있었다. 『**모든 강물은 바다로 흘러가나 바다는 여전히 채워지지 않으며, 강물들은 발원한 곳으로 다시 돌아가는도다**』(전 1:7, B.C. 977, cf. 시 135:7, 렘 10:13, 욥 36:27,28).

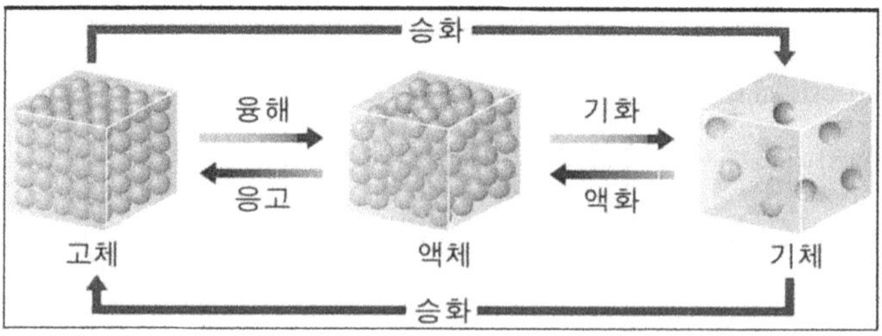

"물"이 고체, 액체, 기체, "세 가지 상태"로 전환될 수 있다는 사실은, 고대 그리스 철학자 "탈레스"(B.C. 624-546)가 그것을 발견하기 약 1,200년 전에 이미 "욥"은 알고 있었다(욥 38:30; 36:27,28).

과학자들이 주장하는 "물의 순환"에 대한 과학적 설명이 어떻든지 간에, 그들은 물의 순환에 대한 근본적인 원인을 제대로 설명하지 못한다. 왜냐하면 구름은 "하나님의 계획"에 따라 움직이고(욥 37:12) 수증기가 올라가고 비가 내리는 것은 그것을 명령하시는 하나님의 음성에 달려 있기 때문이다. 『**그가 그의 음성을 내시니 하늘들에 많은 물들이 생기고, 또 그가 땅 끝들로부터 수증기를 올라오게 하시며 비와 함께 번개를 만드시고 그의 보고들로부터 바람을 끌어내시도다**』(렘 10:13).

5. 번개와 비의 생성 원리

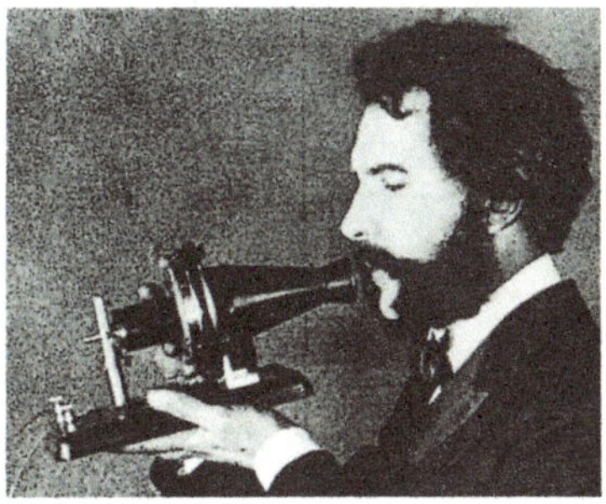

미국 건국의 아버지 중의 하나인 "벤자민 프랭클린"(1706-1790)은 번개가 전기를 발생시킬 수 있다는 사실을 확인한 뒤 피뢰침을 만들었고, 미국의 과학자 "알렉산더 그레이엄 벨"(1847-1922)은 그 전기를 이용하여 전화기를 탄생시켰다. 그리고 사람들은 전화로 "우리가 여기 있다!"라고 말할 수 있게 되었다. 그러나 이런 과학적 발견이 있기 약 3,500년 전에 이미 하나님께서는 욥에게 이 사실을 알려주셨다. 『**네가 번개들을 보내어 그들로 가서 네게 말하기를 '우리가 여기 있나이다.' 하게 할 수 있느냐?**』(욥 38:35)

하늘의 구름에서 지상으로 내려가는 "음전하"와 지상에서 하늘로 올라오는 "양전하"가 만나면서 천둥 번개가 치게 되는데,

이러한 현상은 교회 시대의 끝에 "성도의 휴거"가 일어나는 모습과 매우 유사하다. **『마치 번개가 동편에서 치면 서편에까지 비치는 것같이, 인자의 오는 것도 그러하리라』**(마 24:27). **『마지막 나팔 소리에 눈깜짝하는 순간에 그러하리라. 나팔 소리가 나면 죽은 자들이 썩지 아니하는 몸으로 일으켜지며 우리도 변화되리라』**(고전 15:52).

사망의 문들이 열렸더냐?(욥 38:17)

『성경이 무엇이라고 말하고 있느냐?』(롬 4:3) 이것은 절대적인 최종권위가 무엇인지 보여 주는 매우 중요한 질문이다. 온 우주의 최고 주권자이신 하나님께서는 성도의 믿음과 실행에 관한 문제뿐만 아니라, 정치, 경제, 사회, 문화, 역사, 종교, 철학, 과학, 음악, 미술 등 세상의 모든 문제에 대한 절대적인 판단 기준이 되는 한 권의 "책"을 쓰셨다. 이것이 바로 "성경"이다. 이 책의 판단과 의견을 거스르는 어떤 주장이나 이론도 일고의 가치가 없다. 구원받은 성도의 유일한 관심은 "성경이 무엇이라고 말씀하는가?"에 있어야 한다. 성경을 절대적인 잣대로 삼아 판단하는 사람은 어떤 오류도 범하지 않는다. 이는 하나님의 말씀이 무오한 진리이기 때문이다(요 17:17). 그래서 이 진리의 말씀에서 영감을 얻어 위대한 과학적 업적을 이룬 과학자들이 많이 있는 것이다.

1. 최초의 마취제

『**주** 하나님께서 아담을 깊은 잠에 빠지게 하시니 그가 잠드니라. 하나님께서 그의 갈비뼈 중에서 하나를 취하시고 살로 대신 거기를 채우시더라』(창 2:21).

영국의 산부인과 의사 "제임스 심프슨"(1811-1870)은 이 성경 구절에 착안하여 1847년에 "클로로포름"이라는 마취제를 만들어 냈고, 1853년에는 빅토리아 여왕이 왕자를 낳았을 때 이 마취제를 사용해서 분만에 성공했는데, 이로써 그의 마취법은 공인되었다.

2. 피, 육체의 생명의 중요한 요소

『이는 피가 모든 육체의 생명이요, 육체의 피는 그 생명을 위해 있기 때문이라. 그러므로 내가 이스라엘 자손에게 말하기를, 너희는 어떤 종류의 육체의 피도 먹지 말라 하였도다. 이는 모든 육체의 생명이 피에 있음이니, 피를 먹는 자는 끊어지리라』(레 17:14).

1650년 경 인체의 피의 순환 현상을 발견한 영국의 해부학자 "윌리엄 하비"(1578-1657)는 "혈액"이 산소나 영양소를 몸 전체로 운반하고 세포에서 만들어진 탄산가스나 노폐물을 실어 날라 몸 밖으로 배출하는 역할을 하는 "생명의 중요한 요소"라는 사실을 발견했다. 그러나 성경은 그보다 약 3,150년 전에 『**피가 모든 육체의 생명이요**』(레 17:14), 『**육체의 생명이 피에 있음이라.**』(레 17:11)라고 말씀하셨다.

3. 바다의 "길"과 "샘"

『공중의 새와 바다의 물고기와 해로[the paths of the seas]를 다니는 모든 것들이니이다』(시 8:8).

미국의 해양학자 "매튜 모리"(1806-1873)는 오랫동안 병석에 누워 있던 중에 아들이 읽어 주었던 위의 성경 구절에 큰 충격을 받은 뒤 세계 최초로 "해로"를 발견했다. 이것이 커다란 충격이 된 이유는, 그때까지만 해도 "바다에 길이 있다"는 사실을 어떤 해양 전문가도 몰랐기 때문이다. 그는 끊임없이 연구한 끝에 선박의 항해 속도를 높이는 바람과 해류로 인해 "해로"가 만들어진다는 사실을 알게 되었다(〈Matthew Fontaine Maury : The Pathfinder of the Seas, Lewis, Charles Lee, 1927〉).

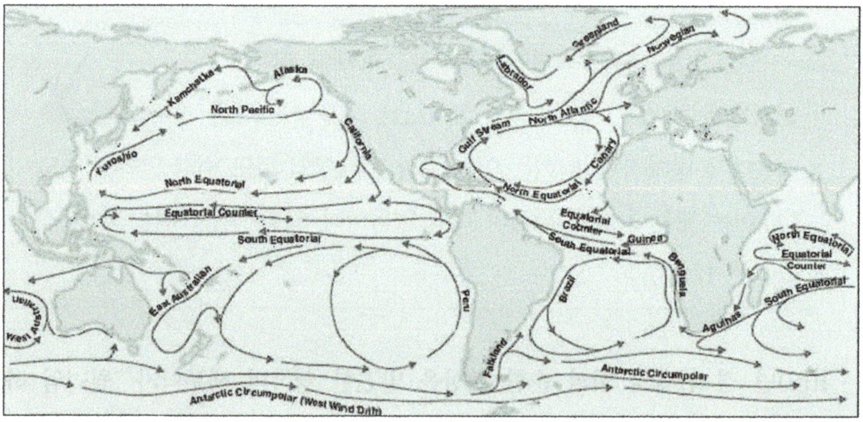

『너는 바다의 샘들 속으로 들어가 보았느냐? 아니면 네가 깊은 곳을 찾아 거닐어 본 적이 있느냐?』(욥 38:16)

1910년 이전만 해도 과학자들은 전체가 통째로 물인 바다 안에 "샘들"이 있

을 것이라고는 상상조차 하지 못했다. 하지만 1960년에는 수중음파탐지기를 통해 바다 안에 샘들이 있다는 사실을 증명했고, 1973년에는 심해연구용잠수함이 그 샘들을 촬영하는 데 성공했다. 곧 성경은 현대 과학보다 3,600년 이상 앞서 있는 것이다.

4. 사망의 문들이 네게 열렸더냐?

『땅으로 말하자면 그곳에서 빵이 나오나 그 밑에는 불처럼 솟구침이 있으며』(욥 28:5).

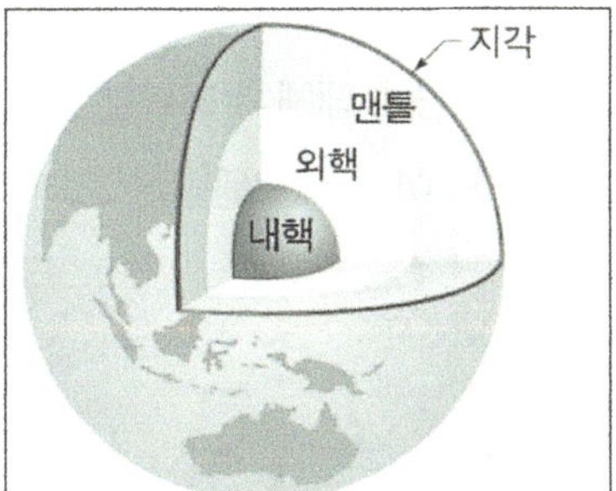

▲ 지구의 내부 구조
지구의 내부 구조는 지진파의 속도 분포로부터 알아낸다.

지구의 내부 구조는 20세기에 들어와서 조금씩 밝혀지기 시작했는데, 1905년에 유고슬라비아의 지구물리학자 "안드리야 모호로비치치"(1857-1936)가 지진파를 이용하여 지각에서 맨틀로 들어가는 "불연속면"(모호면)을 발견했고, 1914년에는 독일의 지진학자 "베노 구텐베르크"(1889-1960)가 외핵을, 1936년에는 덴마크의 지진학자 "잉에 레만"(1888-1993)이 내핵을 발견했다.

하지만 과학자들은 지구의 내부 구조에 대해 여전히 무지하다. 왜냐하면 그들이 땅속에 불길이 솟구치는 지옥이 있음을 말하는 "과학적 사실," 곧 "성경"을 믿지 않기 때문이다. 고도로 과학적인 성경에 따르면 땅 속 지옥에는 "문들"(마 16:18), "빗장들"(욘 2:6), 그 문을 열 수 있는 "열쇠들"(계 1:18)이 있다.

결론적으로, 전 세계적으로 1초에 평균 3명씩 죽는다고 한다. 본 강의 내용을 읽는 동안(약 50분) 약 9,000명 이상의 죄인들이 지옥으로 내려갔고 지금 그곳에서 고통을 받고 있다. 『**성경이 무엇이라고 말하고 있느냐?**』(롬 4:3) 지금 바로 예수님을 믿지 않으면 당신도 지옥의 불길에 던져질 것이라고 말씀한다. 성경적인 "무지"는 육신의 죽음뿐 아니라, 영원한 불못으로 들어가는 둘째 사망의 문으로 당신을 인도해 갈 수 있음을 유념해야 한다! 그 『**사망의 문들**』(욥 38:17)로 들어가지 않을 방법은 단 한 가지뿐이니, 곧 예수 그리스도를 자신의 구주로 믿는 것이다.

주 예수 그리스도께서는 지옥과 사망의 열쇠를 가지고 계신다. 예수님께서는 십자가에서 죽으셨으나 부활하심으로 말미암아 하나님의 능력을 드러내셨다. 예수님께서는 『**지옥의 문들**』(마 16:18)이 주님의 교회를 이기지 못한다고 말씀하셨다. 따라서 예수님을 믿고 따르는 성도들은 지옥과 사망에 대해 두려워할 필요가 없다. 특히 사망은 우리를 가두어 둘 수 없다. 이것은 구원받은 그리스도인들에게만 주어지는 특권이다. 하지만 구원받지 못한 죄인들은 사망과 지옥을 절대로 이길 수 없다. 예수 그리스도께서는 지옥과 사망의 열쇠들로 그들을 지옥과 사망 안에 영원히 가두어 버리실 것이기 때문이다.

■ 새롭게 깨달았거나 적용할 내용이 있다면 적어 보세요. ■

NOTES

NOTES

제2과

성경을 통해 본 "열역학 법칙"과 우주 붕괴

『그리고 이 세상을 이용하는 자들은 다 이용하지 못할 것처럼 하라. 이는 이 세상의 형체가 사라져 감이라』(고전 7:31).

열역학 법칙이란

"열역학 법칙"은(熱力學法則)은 "열과 힘에 관한 법칙"(에너지에 관한 법칙)으로서, 이 세상 모든 진화론자들의 헛된 망상을 무너뜨리는 가장 강력한 과학 법칙이다. 이 법칙의 기본 골격은 1850년경에 만들어졌는데, 당시 마귀는 자신의 종인 찰스 다윈으로 하여금 〈종의 기원〉이란 책을 세상에 내놓게 함으로써(1859년) 열역학법칙이 과학적인 사실로 정착되고 확산되는 것을 막으려고 했다. 그러나 이것은 과학에서 가장 중요한 기본적인 법칙으로 지금까지 어떤 예외도 발견되지 않은 보편적이고 우주적인 법칙이다. 열역학법칙 중에 가장 중요한 것이 제1법칙과 제2법칙인데, 열역학 제1법칙은 에너지의 "양"에 관한 법칙이고 제2법칙은 에너지의 "질"에 관한 법칙이다.

열역학 제1법칙 (1847년, 헤르만 폰 헬름홀츠)

열역학 제1법칙은 에너지 보존 법칙이다. 즉 에너지는 시간이 흘러감에 따라 "형태"가 계속 다르게 바뀌어도(위치 ➡ 운동 ➡ 전기 ➡ 빛과 열), <u>매 순간 측정되는 에너지의 총 "양"은 변하지 않으며 항상 똑같이 보존된다는 것이다</u>. 이 법칙은 에너지나 물질이 <u>스스로 창조(생성)되거나 파괴될 수 없음</u>을 보여

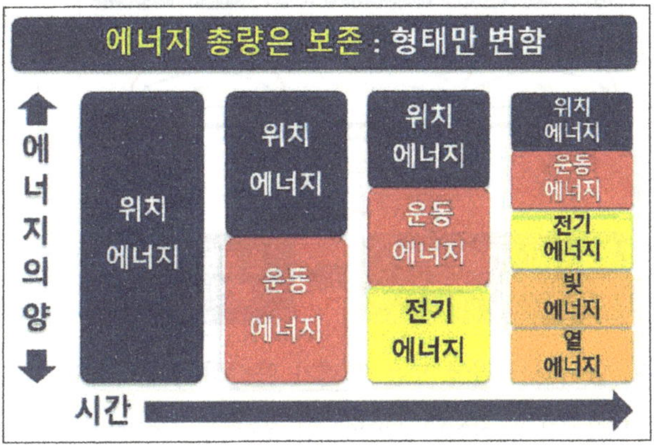

준다. 진화론자들의 주장처럼 우주와 생명이 "우연히 스스로" 생겨날 수 있는 확률은 "제로"이다.

생명은 생명에게서 나온다. 절대로 무생물에서 생명이 나올 수 없다. 그리고 모든 생명을 낳은 원천은 주 하나님이시다. 『이는 생명의 원천이 주와 함께 있으며 주의 빛 가운데서 우리가 빛을 볼 것임이니이다』(시 36:9, cf. 요 14:6). 생명의 원천이신 하나님만이 "무[2]에서 유를 생성"하시고 "없는 것들 가운데서 있는 것처럼" 부르실 수 있다(롬 4:17, 히 11:3). 생명의 원천이신 하나님께서는 능력의 말씀으로 우주 만물을 붙들고 계시고(히 1:3, 벧후 3:7), 그 동일한 말씀으로 만물을 불태워 버리실 수 있으며(벧후 3:10-12), 또한 그 능력의 말씀으로 다시 새로운 하늘들과 땅을

2) 모든 물질은 기본 단위인 "원자"로 구성되어 있는데, 그 내부 구조를 들여다보면 중심에 핵이 있고 전자들이 핵 주위를 돌고 있다. 하지만 핵과 전자가 차지하는 공간의 비중은 극히 미미하며, 공간 대부분이 비어 있다. 그뿐만 아니라 핵 자체도 소립자들로 이루어진 거의 텅 빈 구조를 하고 있다. 이런 텅 비어 있는 구조를 가진 원자들이 모여서 우리의 몸이나 세상에 있는 모든 물질을 구성하는 것이다. 그래서 원자 내부의 텅 비어 있는 공간들을 모두 제거하고 전자들과 소립자들만 모으면, 우리 눈에 보이는 이 인간의 몸은 아주 작은 티끌만한 크기가 된다. 마치 아무것도 없는 존재나 다름없게 되는 것이다(욥 10:9, 약 4:14, 시 8:4, 사 40:15,17).

창조하실 수 있다(벧후 3:13).

열역학 제2법칙 (1850년, 루돌프 클라우지우스)

열역학 제2법칙은 엔트로피(entropy) 법칙으로도 널리 알려져 있다. 에너지가 "엔트로피," 곧 "무질서"가 증가하는 방향(고급 ➠ 저급)으로 흘러가고, 물질은 변형되어 원래 상태로 되돌아갈 수 없는 것을 의미한다. 에너지의 양 자체는 보존되지만, 사용 가능한 에너지는 점점 줄어들고 없어져서 결국 모든 체계가 완전히 무질서하고 붕괴된 상태로 전락해 버린다. 이 법칙은 물질이나 생명이 더 복잡한 구조로 진화해 나간다는 진화론을 전면 부정한다.

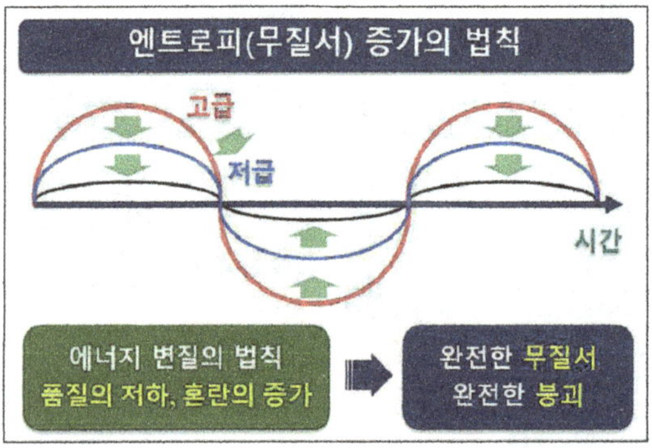

생물학자인 "힐버트 시글러"는 그의 저서 〈진화냐 퇴보냐〉에서 이렇게 말했다. "간단히 말해 우주는 퇴보하고 있다. 이것은 우주가 태엽 시계처럼 처음 감겼던 때, 즉 창조되었던 시초가 있었음을 의미한다. 그때는 에너지가 최고의 상태였으나 그 이후로는 에너지의 질이 계속 떨어지고 있다. 이것은 열역학 제2법칙이 보여 주고 있는 냉혹한 현실이다."

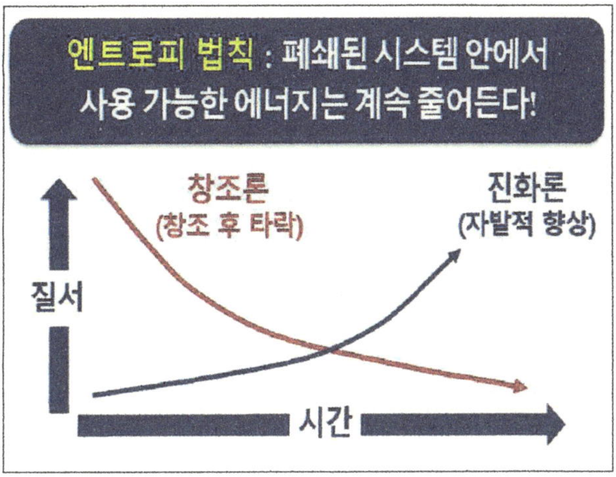

열역학에서 계(系)는 관심의 대상이 되는 어느 한 부분을 말하는 것으로 고립계, 닫힌계, 열린계 등 세 가지 계로 분류한다. 그중 고립계에서는 엔트로피, 곧 무질서가 증가한다. 세상의 어떤 것도 진화하지 않으며 변질, 소모, 분리, 부패, 쇠퇴 및 퇴보의 과정을 거듭해 나갈 뿐이다. 외부에서 에너지를 투입하지 않고도 자신의 힘만으로 항상 똑같은 속도를 유지하면서 영구적으로 움직이는 물체는 없다. <u>에너지가 다 소모되면 결국 멈추는 것이다</u>. 곧 누군가가 만들어 놓은 집은 점점 낡아지면서 무너져 간다. 항상 처음 상태를 유지하고 있거나 망가진 이후 다시 원상태로 회복하기 위해 저절로 질서를 잡아 나가는 경우는 없다. 태초에 이 세상을 질서 있고 완벽하게 창조하신 분은 주 하나님이시다. 따라서 죄로 망가져 버린 세상이 자신의 힘으로 질서를 바로잡아 가는 것은 불가능하다. <u>**창조주이신 하나님의 개입 없이 황금시대를 이룩하려는 타락한 죄인들의 노력과 이상이 "망상"에 불과한 이유가 바로 여기에 있다**</u>.

세상은 절대로 좋아지지 않는다. 정치, 경제, 종교, 문화, 예술 등 그 어떤 분야에서도 현 21세기의 상황이 과거보다 나아진 것은 없다! 해 아래에서 새것은 없으며(전 1:9,10) 모두 퇴보해 간다. 인간은 태어나서 진화해 나가는 것이 아니라 죄로 인해 죽어 간다. 인간의 타락상은 점점 심화되고 있다. 정보 역시 전달되면서 최초의 정보가 왜곡되고 혼란스럽게 되어, 결국 개념의 혼란이 생겨 가치관의 붕괴를 초래한다("정보 열역학 법칙"). 심지어 세상의 형체가 사라져 간다(고전 7:31, 자원 고갈, 물 부족 현상 등).

인간 쇠락의 법칙

이 땅에 예수 그리스도께서 재림하셔서 세상의 모든 왕국을 멸하시고 "영원한 왕국"을 세우실 때까지(단 2:44) "인간의 실패의 역사"는 계속 반복될 것이다.

인간은 하나님, 곧 진정한 왕께서 개입하지 않으시고 도와주지 않으시는 한, 계속해서 쇠락해 갈 수밖에 없다. 이것이 바로 "인간 쇠락(붕괴, 타락)의 법칙"인데, 이 법칙은 인간이 어떤 노력을 기울인다 해도 자신의 힘으로는 자기 자신을 구원할 수 없고, 이 땅에 의와 화평으로 다스려지는 완벽한 왕국(지상 낙원, 유토피아)을 결코 세울 수 없다는 것을 의미한다. 영적이든 도덕적이든 쇠락하고 타락하고 멸망해 간다는 것이다. 그래서 모든 시대는 "완전한 타락과 배교"로 끝나게 된다. 과학적인 용어를 빌리면 이것은 "열역학 제2법칙"으로 설명된다.

우주의 붕괴(벧후 3:7-13)

광활한 우주는 무한히 뻗어 나가는 것 같지만 끝나는 곳이 있다. 『**그가 그 물들을 경계로 두르시니 낮과 밤이 끝나는 곳까지라**』(욥 26:10). 우주는 무한히 열려 있지 않고 닫혀 있는 것이다. 이러한 폐쇄된 시스템 내에서 사용 가능한 에너지는 계속 줄어든다. 이것이 엔트로피 법칙이다. 쉽게 말해 우주는 망해 가고 있는 것이다. 외부에서 새로운 에너지가 공급되지 않는 한 희망이 없다. 그 우주를 열고, 닫으시며 새로운 에너지를 공급하고 영원한 생명을 주실 수 있는 분은 전지전능하신 주 하나님 한 분밖에 없다.

우주에 있는 모든 에너지를 다 쏟아부어도 불순물이 섞여 들어갈 수밖에 없으므로 100% 순금은 이 세상에 존재하지 않는다. 이것은 인간의 그 어떤 노력으로도 이 세상을 결코 깨끗하게 할 수 없음을 보여 준다. 그래서 성경은 『그것들은 멸망할 터이나 주께서는 영존하시오니 그것들은 모두 겉옷처럼 낡아지리이다.』(히 1:11)라고 말씀한다. 하나님께서 우주를 완전히 새롭게 창조하시지 않는 한 세상은 점점 더 낡아져 갈 뿐이다. 우리가 예수 그리스도의 재림을 간절히 소망하는 이유가 바로 여기에 있는 것이다. 『하나님의 날이 오기를 고대하고 열망하라... 우리는 그의 약속대로 의가 거하는 새 하늘들과 새 땅을 기다리도다』(벧후 3:12,13).

■ 새롭게 깨달았거나 적용할 내용이 있다면 적어 보세요. ■

제2과
복습문제

1. 열역학 제1법칙은 에너지 (   ) 법칙이다.

2. 열역학 제2법칙은 (   ) 법칙으로도 널리 알려져 있다. 곧 에너지의 "무질서"가 증가하는 방향(고급 ➡ 저급)으로 흘러가고, 물질은 변형되어 원래 상태로 되돌아갈 수 없는 것을 의미한다.

3. 진화론은 과학적으로 증명된 적도 없고 증명될 수도 없는 "미신적인 허구"이다. (O , X)

4. 인간은 하나님, 곧 진정한 왕께서 개입하지 않으시고 도와주지 않으시는 한, 계속해서 쇠락해 갈 수밖에 없다. 이것이 바로 "인간 (   ) 의 법칙"이다.

5. 『그것들은 (   )할 터이나 주께서는 (   )하시오니 그것들은 모두 (   )처럼 낡아지리이다』(히 1:11).

■ 복습 문제의 정답은 홈페이지(www.solomonbtc.org)에서 확인할 수 있습니다.

NOTES

NOTES

제3과
화석들의 증언,
“이 돌들이 무슨 뜻이냐?”

『이것이 너희 가운데 한 표적이 되리니 훗날 너희 자손이 그들의 아비들에게 물어 말하기를 ‘이 돌들이 무슨 뜻이니이까?’ 하거든』(수 4:6).

"이 돌들이 무슨 뜻이니이까?"

이스라엘이 여호수아의 인도 하에 요단강을 건널 때, 하나님께서는 강 한 가운데에 있는 열두 개의 돌을 취하게 하시어 요단을 건넌 사건의 영원한 기념이 되게 하셨다. 그리하여 훗날 이스라엘 자손들이 "이 돌들이 무슨 뜻입니까?" 라고 물으면, 조상들이 요단을 건널 때 북쪽 갈릴리 바다에서 남쪽 사해 바다로 흘러 내려오는 물이 중간에 끊어져 무더기처럼 쌓였던 "증거"로 삼으셨던 것이다(수 4:1-9). 말하자면 "돌들"이 무엇인가를 말해 주고, 입증해 주는 "증거"가 되었던 것이다.

화석이란 무엇인가?

화석(fossil, 化石)은 일종의 돌이다. 동식물과 같은 생명체나 생명체의 흔적이 퇴적물 중에 매몰된 채로 보존되어 그대로 남겨진 것으로서, 암석화 작용을 받은 일종의 "돌"이다. 라틴어 "포실리스"(fossilis)에서 유래한 단어가 영어 "파슬"(fossil) 곧 화석인데 이 단어는 "땅속에서 파낸 물건"이란 뜻이다. 지금까지 수천억 개의 화석이 발견되었고 전세계에 있는 박물관은 1억 개가 넘는 25만 종의 화석으로 채워져 있다.

앞서도 정의했지만 화석은 퇴적암 안에 퇴적물과 함께 퇴적된 동식물의 일부

파리

암모나이트

물고기

삼엽충

나비

호박벌

나 전체 혹은 그 흔적인데, 흔히 체화석(동물체의 일부 또는 전부가 온전하게 간직된 화석), 흔적화석(고생물의 활동이나 생활흔적이 퇴적층에 그대로 보존되어 나타나 있는 화석), 시상화석(환경, 화석이 발견된 지층의 퇴적환경을 잘 나타낼 수 있는 화석), 표준화석(생성시대, 특정 시기에만 살아 발견된 층을 구별하고 층의 나이를 알려주는 화석)으로 나눈다.

수많은 화석들, 곧 이러한 돌들은 과거에 살았던 동식물의 흔적에 관해 알 수 있는 중요한 자료이기 때문에 진화론자들은 화석을 진화의 증거로 제시하며 자신들의 논리를 뒷받침하는 가치 있는 자료들로 제시한다. 하나의 종이 다른 종으로부터 진화해왔다는 사실을 밝혀 주는 유일한 역사 기록적인 증거로서 화석을 제시하는 것이다. 그래서 하나님과 성경을 대적하는 진화론자들이 인류 고고학자들과 함께 밥 먹고 하는 일이 화석을 찾기 위해 땅 파러 다니는 일이다.

그러나 "이 돌들은 무슨 뜻입니까?"라는 질문에 화석은 결코 "진화의 증거"라고 답변하지 않는다. 오히려 화석들은 명백한 창조의 증거요, 노아의 대홍수의 증거라고 답변한다.

화석은 대홍수의 증거이다

화석은 과거에 역사적으로 전세계적인 대홍수가 있었음을 증언한다. 그것은 화석이 만들어지는 조건을 보면 쉽게 알 수 있다. 퇴적암 지층 속에서 발견되는 화석은 진화론자들의 주장(동일과정설)처럼 "오랜 세월 동안 느리게 퇴적되는 환경"에서는 결코 만들어지지 않는다. 오직 "갑작스런 압력과 퇴적" 그리고 "신속하게 매몰되는 상황"에서만 생성될 수 있다. 왜냐하면 죽은 생물은 "서서히" 화석이 되기도 전에 박테리아 같은 미생물들에 의해 쉽게 분해되거나 부패해 버리기 때문이다. 이 일은 재창조 이래 역사적으로 노아의 홍수 때 단 한 번 있었다. 그래서 화석은 오늘날에는 잘 만들어지지 않는 것이다. 화석은 결코 서서히 형성될 수 없다. 서서히 형성되기 전에 포식자들이 먹어 치우거나 미생물들로 인해 금방 부패해 버리기 때문이다. 따라서 화석은 갑작스럽게 매몰되는 환경에 의해 형성될 수 밖에 없는 것이다.

Fish eating Fish(물고기를 삼키고 있는 물고기)

이렇게 갑작스럽게 매몰된 증거들은 화석들 속에서 자주 발견된다. 미국 오리건 주에 가면 파슬 레이크(fossil lake, 화석 호수)가 있는데, 여기에서 발견된 "Fish eating Fish"(물고기를 삼키고 있는 물고기)라 불리는 화석이 있다. 큰 물고기가 작은 물고기를 잡아먹다가 갑자기 매몰된 것이다. 이 화석은 큰 물고기의 목구멍에 작은 물고기의 꼬리가 삐져나온 것이 특징적인데, 그 상태로 갑자기 매몰되었다. 이 물고기는 "식사"를 채 끝내기도 전에 봉변을 당했던 것이다.

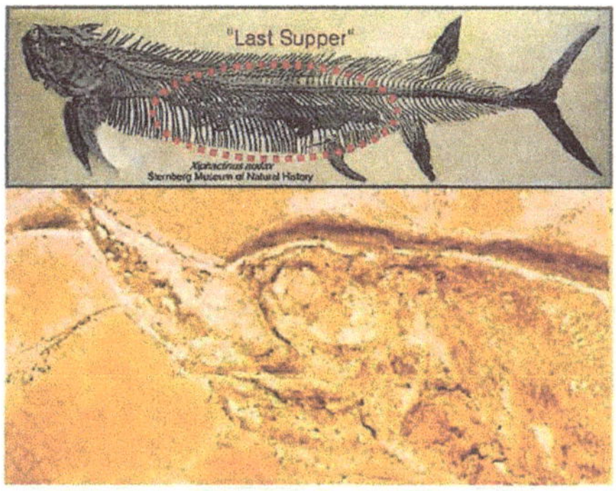

"Last Supper"(최후의 만찬)라 불리는 화석도 있는데, 약 3.2m 크기의 물고기가 1.8m 정도 크기의 물고기를 삼킨 화석이다. 식사는 끝냈지만 뱃속에서 소화도 되기 전에 갑자기 파묻혀 버렸다. "안타깝게도" 이것이 그 물고기에게는 "마지막 식사"였던 것이다.

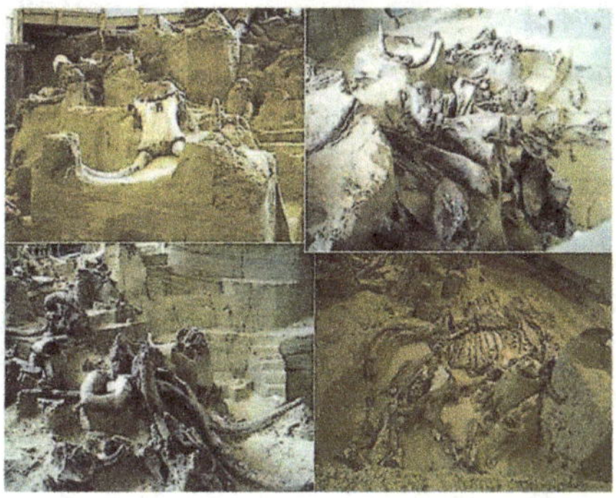

이외에도 대홍수로 인한 높은 압력 속에서 갑작스럽게 매몰된 증거들은 많이 있다. 새끼를 밴 채로 매몰된 화석이 있는가 하면 서로 싸우다가 갑자기 파묻힌 동물들의 화석도 있다. 거대한 압력을 이기지 못하고 몸이 크게 뒤틀려 있는 화석도 있고, 대규모의 동식물 화석들이 무더기로 뒤엉켜진 채 발견되는 화석 무덤들도 있다. 사실 이런 모습들은 대홍수의 "참상"을 보여주는 증거들이기도 하다. 특히 서로 두려워하여 함께 서식하지 않는 동물들의 화석, 예를 들면 9천여 마리의 낙타, 곰, 코뿔소 등의 화석이 미국 네브라스카 주에서 발견된다. 이 동물들이 갑자기 모여들어 "에큐메니칼 회의"라도 열었단 말인가! 더군다나 미국 네브라스카는 낙타의 서식지가 아니다. 과연 낙타는 어떻게 그곳으로 휩쓸려 간 것인가! 어떤 거대한 힘에 의해서 이 동물들이 한꺼번에 휩쓸려서 매몰되었던 것이다. 당연히 그 거대한 힘은 대홍수로 인한

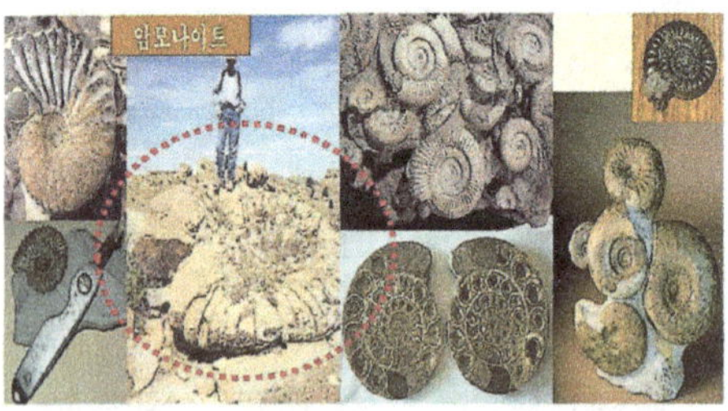

물의 힘이었다.

또한 잠자리, 해파리, 새우, 고사리처럼 쉽게 분해될 수 있는 생물들이 형태가 온전한 상태로 보존된 화석도 있다. 보통 잠자리 같이 작은 곤충이 죽으면 개미떼부터 모이기 마련인데 보다시피 미세한 날개까지 그대로 보존되었다. 이것은 급격하게 매몰되었을 때만 생길 수 있는 화석이다.

분해되기 쉬운 해파리나 새우의 화석도 있다. 심지어 아주 연한 잎의 고사리 화석도 있다. 결코 죽어서 화석이 된 것이 아니다. 살아있는 상태에서 갑작스럽게 생매장되어 화석화된 것이다. 만일 죽은 상태였다면 잎이 쪼그라들고 시들었어야 한다. 고사리 화석의 잎 모양을 보라. 아주 바르게 펴져 있다. 이처럼 쉽게 분해될 수 있는 생물들이 형태가 온전한 상태로 보존된 화석들로 남아 있다.

표면 상태가 양호한 조개류의 화석도 대량으로 발견된다. 일반적으로 대합조개는 죽을 때 입을 벌리기 마련인데, 이 조개 화석들은 입을 꼭 다문 채 "침묵"하고 있었다. 이런 확실한 증거들을 보고도 사람들이 대홍수의 심판에 대하여 "침묵"하려 든다면, 이 "돌들"은 침묵을 깨고 이렇게 소리를 지를 것이다(눅 19:40). "전

지구적인 홍수로 인한 침전물이 우리를 순식간에 덮쳤노라!" 조개류인 암모나이트도 표면이 양호하게 보존된 상태로 화석이 되었다. 여기에 사람보다 더 큰 사이즈의 암모나이트 화석도 발견되었다. 심지어 얕은 바다에 서식하는 삼엽충의 화석이 약 2km 높이의 산에서 발견되기도 하는데, 진화론자들은 "등산"하는 삼엽충 화석의 미스터리를 풀지 못하고 있다.

소위 수십만 년에 걸쳐 퇴적되었다고 하는 여러 개의 지층들을 수직으로 뚫고 서 있는 나무 화석도 발견되는데(다지층 나무화석), 대홍수로 인한 갑작스런 매몰을 부인하는 과학자들은 "수십만 년 동안 살 수 있었던"(?) 이 신비의 나무에 대해 과학적으로 설명하지 못한다. 진화론자들의 설명대로라면 이 나무가 퇴적되어 화석이 되기까지 15만 년 이상 걸린다. 그런데 이 나무 화석을 보면 뿌리 부분이 없고 잔가지도 보이지 않는다. 나무가 이런 상태로 20년 이상 지나면 형체도 없이 썩어 버린다. 뿌리째 뽑힌 나무가 안 썩고 유지되는 것을 본 적이 있는가? 이것은 매우 상식적인 문제이다.

이 사진도 보라. 무려 9m나 퇴적물이 쌓여 있다. 이 정도 양이 계곡도 아닌 평지에 쌓여 있다. 진화론자들의 주장에 따라 9m의 퇴적물이 쌓이려면 15만년 동안 쌓여야 저 나무를 다 덮을 수 있다. 저 나무가 초자연적인 나무였을 리는 없고, 더군다나 모조품도 아니었을진대 어떻게 썩지 않을 수 있었을까? 정답은 나무 주위를 둘러싼 퇴적물들이 15만 년 동안 쌓인 것이 아니라 노아의 대홍수에 의해 갑작스럽게 매몰되었기 때문에 썩지 않고 화석화된 것이다.

화석이 만들어지는 데 걸리는 시간

어떤 물체가 화석화되는 데 걸리는 시간이 얼마나 된다고 생각하는가? 진화론자들은 수십만 년, 수백만 년이 걸린다고 주장하지만 이것은 거짓말이다. 수일 또는 수 개월이면 화석을 만들 수 있기 때문이다.

1886년 뉴질랜드 북쪽 타레웨라 섬에서 화산이 폭발해서 화산폭발물이 주변 원주민들의 마을을 덮어버린 적이 있다. 그로부터 30년 뒤에 이곳을 다시 방문했을 때, 마을에 있던 한 선교원에서 화석화된 모자와 햄(Ham) 등을 발견하게 되었다. 이 말은 화석은 최대 30년도 안 걸려서 형성될 수 있음을 보여 준다.

A.D. 79년 이탈리아의 나폴리 남동부에 자리 잡고 있던 고대 도시 폼페이가 베수비오 화산 폭발로 완전히 멸망해 버렸다. 당시 하늘에서 비 오듯 쏟아져 내리

는 엄청난 양의 화산재, 화산암, 흙과 돌덩이들이 순식간에 폼페이를 뒤덮어 버렸다. 폼페이를 덮은 화산재의 두께가 평균 6m라고 하는데, 이 엄청난 두께로 쌓여 있던 화산재 덕분에 폼페이는 폭발 당시의 모습이 고스란

히 보존될 수 있었다. 그런데 폼페이에서 발굴 작업을 하던 당시 피오렐리라는 교수가 이상한 의문을 품게 되었다고 한다. 건물과 도로, 심지어 식탁 위의 음식을 담았던 그릇까지 그대로 놓여 있었지만, 사람들의 사체 흔적은 어디에도 보이지 않았던 것이다. 도대체 2만 명 이상에 달했던 폼페이 시민들이 그 급박한 상황에서 모두 다 폼페이를 빠져 나갔을 리는 없고 그 많은 사람들이 갑자기 어디로 사라졌을까 하는 의문이 남았다. 그러던 중 발굴 현장의 흙더미 속에서 이상한 형태의 "비어 있는 공간들"을 발견함으로써 그 의문이 풀리게 되었다고 한다. 그 빈 공간들에 석고를 부어서 안을 채워 굳게 한 다음 그 주변의 흙을 긁어내자, 폼페이 최후의 날에 하늘에서 떨어지는 돌들과 화산재로 순식간에 매몰되는 바로 순간에 죽어 간 시민들의 끔찍한 모습이 그대로 재현된 것이다. 당시 폼페이 인구의 약 10%인 2천 명이 그곳에 매몰되었다고 하는데, 화산이 분화된 후 매몰되는 데까지 걸린 시간은 불과 30분이었다고 한다. 앞서 보았던 뉴질랜드 북쪽의 타레웨라 섬에서 화산이 폭발해서 생긴 화석처럼 폼페이 유적지 역시 순식간에 화석화되어 버렸을 것이다.

영국 요크 지방에서 서쪽으로 21km 쯤 가면 이상한 우물이 하나 존재한다고 한다. 석화 우물이라 불리는 이곳에 뭔가를 매달아 놓기만 하면 3-5개월 안에 화석이 된다고 한다. 이 우물물에 포함된 다량의 광물질이 조직 속으로 침투해 들어가서 화석화를 진행시킨다고 한다.

심지어 장화를 신은 채로 화석화된 뼈가 1980년 텍사스에서 발견된 적이 있는데, 이 부츠는 1936년도에 설립된 한 가죽세공업체의 제품으로 1950년대 쯤

만든 수제화라는 것이 밝혀졌다. 그렇게 보면 30년 만에 화석이 된 것이다. 이처럼 화석이 되는 것은 결코 시간의 문제가 아니라 어떤 조건의 문제임을 알 수 있다. 그 조건이라 함은 우리가 앞에서 주로 보았던 내용들에 의하면 노아의 대홍수였음을 알게 된다. 따라서 화석은 노아의 대홍수의 강력한 증거인 것이다.

화석은 창조의 증거이다

화석은 창조의 증거이다. "과연 이 돌들은 무슨 뜻입니까?"라고 묻는다면 화석은 우리에게 하나님께서 생물들을 종류대로 창조하셨다는 사실을 증언해 줄 것이다. 진화론자들은 과거에 생물의 진화가 발생했다는 것을 보여주는 증거로서 "화석"에 유일한 희망을 걸고 있지만, 화석이 발견될 때마다 "종류대로" 창조되었다는 증거만 드러나고 있다. 이에 이들은 여전히 "증거"가 부족하다는 볼멘소리를 하며 지금도 땅을 파면서 더 많은 증거들을 확보하기 위해 돈과 시간을 헛되이 낭비하고 있다. 그러나 앞서 언급했듯이 다윈이 〈종의 기원〉을 통해 진화론을 발표한 이래로 이미 발견된 1억 개의 "충분한" 증거들이 있다. 하지만 이것은 진화가 아니라 창조의 증거물들이다. 그것은 화석에서 발견된 생물들의 모습과 현재 살아있는 생물들의 모습을 비교해 보면 쉽게 알 수 있다.

특히 식물의 화석 가운데 진화론자들을 매우 당혹케 하는 식물이 있는데, 바로 은행나무(Ginko)이다. 진화론자들에 따르면 은행나무는 지금으로부터 6천 5백만 년 전인 중생대에 출현했다고 한다. 그런데도 그 오랜 세월 동안 다른 종으로 진화하거나 멸종하지 않은 채 오늘날까지 살아 있는 게 신기하다고 말하면서, 소위 이런 것을 "살아 있는 화석"(Living Fossils)이라고 부른다. 그래서 학계에서는 은행나무가 식물학의 해결되지 않은 미스터리로 남아있다.

그런데 재미있는 것은 은행나무만 다른 종으로 진화하거나 멸종하지 않은 채 살아있는 게 아니다. 플라타너스, 사사프러스, 고사리, 스위트펀 등 모든 식물이 과거에나 지금이나 모두 원래 모습 그대로 살아있는 것이다. 물론 멸종된 식물들이야 있겠지만, 이처럼 다른 종으로 진화한 식물은 단 하나도 없는 것이다. 왜냐하면 성경대로 모두 "종류대로" 창조되었기 때문이다.

식물만 그런 것이 아니다. 동물도 마찬가지로 다 살아 있다. 일례로 호박 속에 화석화된 개미들이 그러한데, 진화론자들에 따르면 개미와 같은 무척추동물은 고생대나 중생대 1억년 전 쯤에 살았다고 주장한다. 하지만 그 모습이 오늘날의 개미와 별반 다르지 않은 것이다. 독일의 고생물학자인 요아킴 쉐븐 박사는 평생을 곤충호박에 대한 연구에 바쳐왔는데, 그는 호박 속의 곤충이 현재의 곤충과 전혀 다르지 않다는 사실을 부지런히 알리고 있는 것이다. 그 외에도 대벌레, 나방, 벼룩, 모기, 파리 바퀴벌레, 거미 등 소위 수천만년 전의 화석에서 발견되는 모습이나 현재의 모습이나 별반 다르지 않다. 그것도 한두 마리가 아니라 발견되는 화석의 모든 종이 그렇다.

그렇다면 자잘한 곤충들만 그렇고 좀 사이즈가 큰 동물들은 뭔가 변한 게 있지 않을까? 진화된 흔적이 있지는 않을까 하면 그렇지도 않다. 어느 것 하나 진화된 것은 없다. 모두가 과거나 지금이나 똑같은 모습으로 살고 있는 것이다.

■ 새롭게 깨달았거나 적용할 내용이 있다면 적어 보세요. ■

"표준화석"은 창조의 증거이다

소위 진화론자들이 지질지대를 구별하는 "표준화석"이란 것이 있다. 말하자면 특정 지질 시대를 대표하는 화석인 것이다. 일반적으로 표준화석은 ❶ 전세계적으로 나타나야 하고 ❷ 짧은 기간 동안만 살았던 동식물 등의 화석이 적당하다. 그래야 특정 지질 시대를 대표할 수 있기 때문이다. 반대로 좁고 특정한 지역에서만 살고 긴 시간 동안 살았던 동식물 등의 화석은 어떤 특정 시대보다는 특정 환경을 알려주는 "시상화석"이 된다. 표준화석은 일정한 시기에만 번성했던 동식물 등의 화석이기에 퇴적암에서 발견될 경우 그 화석을 포함한 층의 나이를 알 수 있다는 것이 진화론자들의 설명이다. 이러한 표준화석으로는 암모나이트, 삼엽충, 매머드 등이 있는데, 삼엽충은 5억 년 전에 살던 생물로서 고생대의 잘 알려진 표준화석이라고 배운다. 그러나 현재도 버젓이 잘 잡히고 있으며 심지어 사람의 샌들에 눌린 삼엽충의 화석이 발견되기도 했다. 이런 수억 년 전의 생물들이 오늘날도 살아 있다는 것은, 이런 생물들은 어떤 지질 시대를 결정하는 화석이 아니라는 증거이다. 근본적으로 수 억년 전의 생물들도 아니라는 증거이다.

고생대 표준화석으로 불리는 암모나이트 역시 그 사촌격인 앵무조개가 지금도 버젓이 바다에서 잡히고 있으며 바다나리 역시 마찬가지다. 바다나리는 식

물처럼 생겼지만 동물로 분류된다고 한다. 그런데 이것 역시 현재도 버젓이 살아서 발견되고 있는 것이다. 이처럼 화석은 결코 생물들이 변해 온 증거를 보여 주지 않는다. 정말로 그들의 주장대로 생물

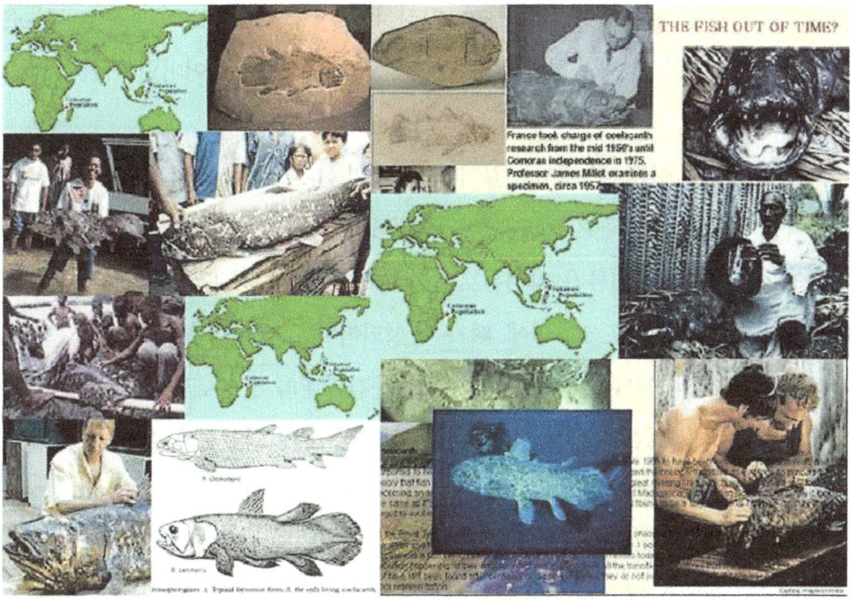

들이 여러 단계를 거쳐 진화해 왔다면, 한 종에서 다른 종으로 변하는 과정에 나타난 "중간 단계"의 생물들의 화석은 이 지구상에 대량으로 발견되는 것이 정상이다.

척추동물의 경우 진화론자들이 주장하듯이 어류에서 양서류로, 양서류에서 파충류로, 파충류에서 포유류나 조류로 진화했다면, 각 단계에서 몸의 반쪽은 양서류이고 나머지 반쪽은 파충류이라든지 그런 식의 중간 단계의 생물들이 지상에는 존재했어야 한다. 그 숫자도 많았어야 하고, 또한 화석으로도 남아 있어야 한다. 그러나 아무리 1억 개의 화석들을 들여다봐도 종과 종을 이어주는 중간 단계의 생물은 존재하지 않는다. 이것을 소위 "잃어버린 고리"라고 말하는데, 찰스 다윈조차도 이 문제가 진화론에 대한 심한 반대와 저항감을 불러일으킬 것이라고 말했다(〈종의 기원, The Origin of Species, Charles Darwin〉). 그래서 진화론자들은 무슨 수를 써서라도 그 증거들을 찾아야만 했다. 지난 1세기가 넘도록 수백만 명이 그 잃어버린 고리들을 찾는 데 자신의 삶을 "헌신"했던 것이다! 이보다 더 어리석은 자들이 있겠는가! 결국 그들은 "잃어버린 고리"를 찾지 못한 것은 물론, 자신의 "혼"까지 잃어버린 자들이 되고 말았다(막 8:36).

그런데 이런 상황 속에서 "잃어버린 고리"를 발견했다고 주장하며 몇몇 증거들을 제시한 진화론자들도 있었다. 대표적인 사례가 "실러캔스" 화석이다. 그들의 주장에 따라 어류가 양서류로 진화하려면, 그 중간 단계에서 지느러미가 다리로 변해야 하고 또 그 안에 뼈가 형성되어야 한다. 말하자면 이런 그림의 생물로서, 어류와 양서류 사이를 이어주는 중간단계의 생물로 생각할 수도 있는 것이다. 그런데 그런 생물에 부합하는 화석이 발견되었으니 바로 실러캔스 화석이다. 이 "실러캔스" 화석은 앞 지느러미에 뼈가 있는 것이 특징적이다. 이에 진화론자들은 이것을 어류와 양서류 간의 "잃어버린 고리"라고 주장하면서, 이 생물은 6천 5백만 년 전에 살다가 멸종했던 양서류의 조상이라고 거짓말했다.

왜 거짓말인가 하니 6천 5백만 년 전의 것이라던 "실러캔스"가 1938년 마다가스카르 근해에서 잡혔고, 코모로제도가 주요 서식지임이 밝혀졌다. 말하자면 실러캔스는 진화된 중간 단계의 생물이 아니라, 하나님께서 "종류대로" 창조하신 물고기 중에 하나였던 것이다. 1938년에 이 물고기가 잡히지 않았다면, 진화론자들은 중간 단계의 생물이라고 계속 우겨댔을 것이다.

이렇게 수백만 년 전에 멸종되었다고 생각한 생물들이 오늘날에도 실제 살아있다는 사실에 대해 진화론자들은 매우 당황해 하는데, 이런 것들을 앞에서도 언급했지만 "살아있는 화석"(living fossil)이라고 부른다. 즉 "어떻게 수백만 년 전에 멸종되었던 생물들이 어딘가에 숨어 있다가 갑자기 발견될 수 있느냐"는 것이다. 그런데 이런 것들만 살아 있는 것이 아니라, 과거 생존했던 생물들 대부분이 살아 있다는 사실을 그들은 간과하고 있다. 이것은 하나님께서 종류대로 창조하신 생물들이 진화한 것이 아니라, 그 종류대로 오늘날까지 그 모습 그대로 이어져 왔다는 사실을 보여준다.

"이 돌들은 무슨 뜻이냐?"라는 질문에 화석들은 우리에게 두 가지 명백한 사실을 증거해 주고 있다. 창조를 보여 주고 있고 대홍수의 증거, 곧 죄에 대한 하나님의 심판을 보여 주고 있다. 창조의 증거란, 하나님께서 모든 생물과 인간을 종류대로 창조하셨다는 뜻이다. 대홍수의 증거란, 하나님께서 전 세계를 물로 심판하셨다는 것을 보여 준다. 이렇게 화석의 분명한 증언에도 불구하고 여전히 성경적인 창조와 심판을 부인하는 것은 인생 최대의 실수를 범하는 것이다. 지옥에 있는 다윈처럼 말이다. 하나님은 참되시나 사람은 모두 거짓말쟁이라는 것(롬 3:4)을 잊어서는 안 된다.

■ 새롭게 깨달았거나 적용할 내용이 있다면 적어 보세요. ■

NOTES

제4과
성경이 말씀하시는 인류의 기원

『주 하나님께서 땅의 흙으로 사람을 지으시고 그의 콧구멍에다 생명의 호흡을 불어넣으시니, 사람이 살아 있는 혼이 되었더라』(창 2:7).

진화인가? 창조인가?

1. 인류기원에 관한 해묵은 논쟁

성경은 분명 하나님께서 사람을 창조하셨다고 기록하고 계시지만, 진화론자들은 이 사실을 비과학적이라며 조롱하거나 무시할 뿐이다. 성경은 그 시작의 책인 창세기에 "아담의 세대들"(창 5:1)에 관해 그 이름들을 일일이 기록하고 있을 뿐만 아니라, 마태복음에서도 "예수 그리스도의 세대들"(마 1:1)에 관해 기록하고 있다.

모든 인류의 역사는 그것을 목격한 사람과 그것을 기록한 내용을 토대로 사람들에게 사실로 받아들여진다. 성경은 예언서이기도 하지만, 그 전에 수많은 사람들의 이름과 지명, 그리고 실제 일어난 사건들을 기록하고 있는 역사책이다. 또한 마지막 아담이신 예수 그리스도의 오심과 죽으심과 부활하심을 목격한 자들이 그것을 기록으로 남겼다(요일 1:1). 무엇보다 하나님께서는 창조하신 사람의 계보들에 그 이름들을 일일이 기록하실 만큼 자신이 있으시다.

반면, 진화론자들은 자신만이 발견한 그 뼈들을 근거로 인류 계보의 제일 꼭대기에 원숭이를 올려놓으며, 그것에 이름까지 붙인다. 그리고 그 원숭이에게 "당신은 우리의 조상이라"며 엎드리고 있다.

『통나무에 대고 말하기를 "너는 내 아비라." 하며 돌에 대고 "네가 나를 낳았다." 하나니』(렘 2:27).

『누가 아무것에도 유익하지 못한 신을 만들었으며, 새긴 형상을 부어 만들었느냐?』(사 44:10)

과학으로 본 진화론자들의 허구

오늘날 인류학자, 고고학자, 진화론자들은 하나님의 인간창조를 부인하기 위해 소위 "두개골학"이라는 학문을 꺼내들며, 곳곳에서 발견된 두개골을 가지고 인류는 유인원에서 진화되었다고 주장한다.

1. '두개골'의 각도

진화론자들이 주장하는 인류 진화의 순서는 "오스트랄로피테쿠스 → 자바인 → 북경원인 → 네안데르탈인 → 크로마뇽인"이다. 흔히들 원숭이 인간이라 부르는 것이 바로 '오스트랄로 피테쿠스'이고, "네안데르탈인과 크로마뇽인"이 현대인의 조상에 해당한다고 한다. 그들은 자신들의 주장을 뒷받침하는 근거로 "두개골의 안면각도"를 제시하는데, 두개골의 안면 각도가 유인원에 가까울수록 비스듬하고, 현대인에 가까울수록 수직에 가깝다는 것이다.

❶ 오늘날 현대인의 두개골의 안면 각도는 비스듬한 사람에서부터 수직에 가까운 사람에 이르기까지 천차만별이다.

❷ 남미 페루에 있는 한 고대 잉카 문명 유적지에서 발견된 두개골의 안면 각도는 상당히 비스듬하게 생긴 것이다. 이들은 특권계층에 속한 잉카 왕족의 두개골이다. 잉카의 왕족들은 조금 특별하게 보이고 싶었는지 어릴 적부터 붕대 같은 것으로 머리통을 꽉 조여서 머리의 형태가 위쪽으로 고깔모양으로 자라나게 만들었다고 한다.

➡ 따라서 두개골 안면의 기울어진 각도는 진화와 아무런 관련이 없다.

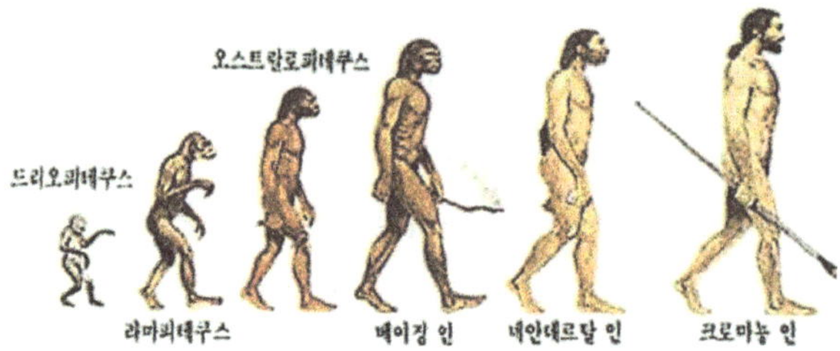

2. “잃어버린 고리”를 연결하는 뼛조각의 발견

진화론자들은 자바인과 북경원인, 이 두 부류가 “원숭이”에서 “사람”을 이어주는 중간 단계인 “연결고리”라고 주장한다. 특히 네덜란드 출신의 해부학자며, 인류학자인 “외젠 뒤부아”(1858-1940)는 그 증거를 찾기 위해 인도네시아 자바 섬으로 향했는데, 그곳에서 여러 개의 뼛조각을 찾고서는 인간의 진화를 보여주는 원숭이와 인간의 중간단계인 소위 “잃어버린 고리”를 찾았다고 주장한 것이다.

❶ 인간의 뼈의 개수는 모두 206개이다. 그러나 “자바인”을 완성하는 데 기초로 한 뼈들은 단 3개뿐이었다(두개골 일부: 머리덮개 뼈, 대퇴골: 허벅지 뼈, 어금니).

❷ 이 뼈들은 한 곳에서 발견되지도 않았고, 각각 15M 정도 떨어진 곳에서 발견되었다는 점이다. 그 주위에는 어떤 다른 뼈들도 발견되지 않았다고 한다. 결국 이 뼈들은 어딘가에서 휩쓸려온 것들이라는 것이다.

❸ 뿐만 아니라 “이 세 개의 뼈들은 동일한 개체에서 나온 뼈이다.”라고 확실하게 단정 지을 수 없는 근거는 이 뼈들이 발견된 시간적 간격이 각각 1년 이상 되었다는 데 있다.

이렇듯 진화론자들의 문제점은 원숭이에서 인간으로 변해가는 과정을 보여주는 증거로 "전체 뼈들"을 가지고 구성한 것이 아니라, 흩어진 "일부 뼈들의 파편조각"을 가지고 해석했다는 점이다. 결국 이것은 인간의 상상에서 나온 결과물일 뿐이다. 그래서 성경은 『**거짓되이 일컬어지는 과학의 반론을 피하라.**』(딤전 6:20)고 강력하게 말씀하신다.

3. 퇴적층에서 발견된 뼈들의 오류

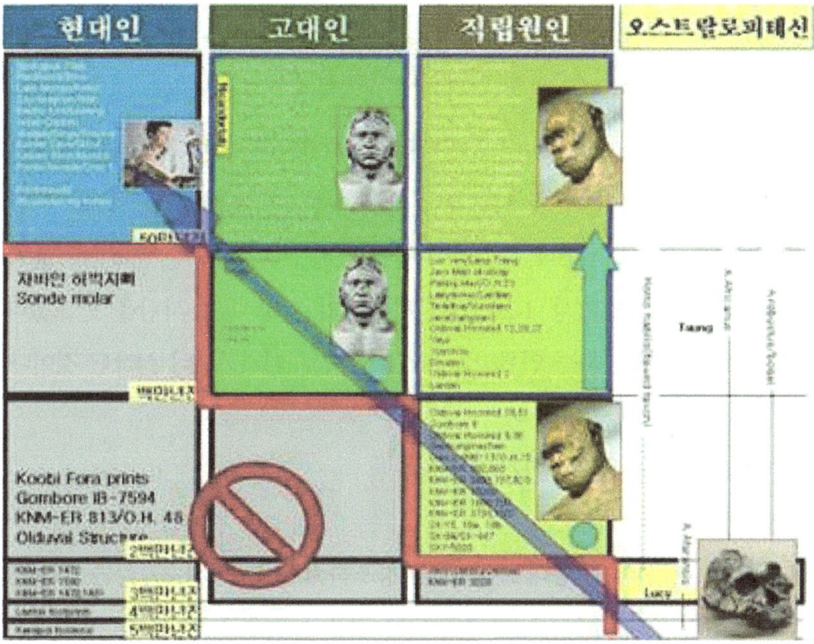

위 그림은 오른쪽으로 갈수록 원숭이 인간에게 가까워지고, 아래로 내려갈수록 오랜 세월의 지층을 보여 준다. 여기에서 좌측 하단의 회색 영역을 보면, 진화론적인 개념에서는 있을 수 없는 일이 벌어진다. 즉, 현대

인류와 동일한 화석이 백만 년 전 지층에서 발견되고 있는 것이다. 말하자면 원숭이 인간시대의 퇴적층에서 현대인의 두개골이 발견된 것이다.

진화론자들의 주장에 따르면 중생대에는 인류가 출현하지 않았고 한다. 그러나 그들의 주장과는 달리, 소위 중생대에 해당하는 퇴적층에서도 사람의 뼈가 발견된 경우가 있다는 것이다. 『그들은 스스로 현명하다고 말하나 우둔하게 되었고』 (롬 1:22)

성경으로 본 진화론자들의 허구

진화론자들이 뭐라고 떠들어댄다고 한들, 인류기원에 대한 최종적인 결론은 이미 성경에 제시되어 있다. 유인원과 인간 사이의 중간단계를 보여주는 뼈들은 그 어디에도 없으며, 오직 하나님께서 창조 주간의 여섯째 날에 그 "**종류대로**" 원숭이도 만드셨고(창 1:24,25), "하나님의 형상"대로 사람을 만드셨다(창 1:26,27). 그들이 말하는 인류(mankind)가 바로 여기서부터 시작된 것이다.

1. 동물이 가질 수 없는 인간의 속성

『**하나님께서 자신의 형상대로 사람을 창조하셨으니**』(창 1:27)라는 말씀은 하나님의 속성이 그대로 인간에게 전달되는 것을 보여주고 있다. 즉, 동물들은 결코 가질 수 없는 두 가지 능력을 설명해주는데, 그 첫째가 ❶ 인간은 "말하는 능력"을 가진 것이고(『**하나님께서 말씀하시기를**』, 창 1:3). ❷ 그 다음은 "글 쓰는 능력"을 가졌다는 것이다(『**십계명을... 돌판에 기록하셨으며**』, 신 10:4).

침팬지를 천만년 교육시킬지라도, 그 원숭이가 진화론자들에게 "내가 너를 낳았노라"고 말하며, 그들의 주장을 뒷받침할 것이라는 생각은 하지 않는 것이 훨씬 현명한 일이다.

2. 인간의 구성요소

하나님의 창조사역을 선포하는 창세기 1장을 통해 사람은 여섯째 날에 창조되었음을 확인할 수 있다(창 1:26,27). 그리고 창세기 2:7에서는 하나님께서 사람을 어떻게 창조하셨는가를 분명하게 설명해주고 있다.

『**주 하나님**께서 ❶ 땅의 흙으로 사람을 지으시고 그의 콧구멍에다 ❷ 생명의 호흡을 불어넣으시니, 사람이 ❸ 살아 있는 혼이 되었더라』(창 2:7)

1) 인간의 몸(땅의 흙)

성경은 인간의 육체가 땅의 흙으로 지음을 받았다고 분명하게 기록하고 계신다. 또한 창세기 3:19에는 하나님께서 인간이 타락한 후에 인간에게 저주를 내리시며 말씀하시기를 『**네가 땅으로 돌아갈 때까지 네 얼굴에 땀을 흘려야 빵을 먹으리니, 이는 네가 땅에서 취해졌음이라. 너는 흙이니 너는 흙으로 돌아갈 것이니라.**』라고 하셨다.

흥미롭게도 흙을 분석해 보면 96가지의 원소를 함유하고 있음을 알 수 있는데, 인간의 몸도 "96가지의 원소"(칼슘, 탄소, 염소, 불소, 수소, 마그네슘, 질소, 산소, 칼륨, 실리콘, 나트륨 등)를 함유하고 있다. 그 원소들은 서로 정확하게 일치한다. 이 얼마나 놀라운 창조의 증거인가!

2) 인간의 영(생명의 호흡)

인간은 혼이나 몸이 아니라, "영"으로 하나님과 교제할 수 있음을 성경은 말씀하고 계신다(요 4:24). 비록 하나님을 알지 못하는 자들이 우상들을 섬기기는 하지만, 유인원을 비롯한 그 어떤 짐승도 사람처럼 생각을 하거나 종교심을 갖지 못한다(창 6:5).

사람은 죽으면 육체는 흙으로 돌아가고, 영은 하나님께로 돌아간다고 성경은 가르치고 있다. 『**그때에 흙은 예전에 있던 대로 땅으로 돌아가고 영은 그것을 주셨던 하나님께로 돌아가리라**』(전 12:7). "짐승의 영"은 땅 아래로 내려간다는 사실 또한 과학이 아닌 성경이 분명히 밝히고 있다(전 3:21).

3) 인간의 혼(살아있는 혼)

인간과 동물간의 유사점은 단지 신체구조에서만 나타날 뿐, 인간의 개체발생은 동물의 과정을 되풀이하지 않는다. 무엇보다 동물에게는 인간과 달리 살인에 대한 죄책감을 느끼는 "자아"(ego)가 없다.

혼은 "몸의 형태"(bodily shape)를 갖고 있다. 혼은 몸과 마찬가지로 얼굴과 지체를 가지고 있으며, 몸의 형태와 동일하다. 혼은 몸 안에 몸의 형태로 존재하는 것이다(눅 16:23-24, 계 6:9,11).

■ 새롭게 깨달았거나 적용할 내용이 있다면 적어 보세요. ■

진정한 "과학적 진화"란 타락한 인간이 예수 그리스도의 보혈로 거듭나면서부터 시작된다. 다시 말해 잃어버린 하나님의 형상이 회복되고, 주 예수 그리스도의 날에 우리의 천한 모습이 온전히 변모되는 과정이야말로 참된 진화라 할 수 있겠다(요일 3:2). 그러나 예수 그리스도를 거부한 자들은 "벌레"(막 9:44-48)로 "진화"(?)하여 지옥의 불길 가운데서 영원히 고통 받게 될 것이다. 이 형벌을 피할 수 있는 "유일한 길"(요 14:6)은 두개골로 장난치는 일을 당장 멈추고, "해골의 장소"(요 19:17)에서 죽으신 예수 그리스도를 자신의 구주로 영접하는 것뿐이다.

■ 새롭게 깨달았거나 적용할 내용이 있다면 적어 보세요. ■

제4과
복습문제

1. 진화론자들은 곳곳에서 발견한 그 (　　　　　)을 근거로 인류 계보의 제일 꼭대기에 원숭이를 올려놓으며 그것에 이름까지 붙인다. 그리고 그 원숭이에게 "당신은 우리의 조상이라"며 엎드리고 있다. 『**통나무에 대고 말하기를 "너는 내 아비라." 하며 돌에 대고 "네가 나를 낳았다." 하나니**』 (렘 2:27)

2. 하나님께서 자신의 형상대로 사람을 창조하셨다(창 1:27). 따라서 동물들은 결코 가질 수 없는 두 가지 능력이 인간에게 부여된 것인데, 그 첫 번째가 "(　　　)하는 능력"이고, 다음은 "(　　　) 쓰는 능력"이다.

3. 인간과 동물간의 유사점은 단지 "신체구조"에서만 나타날 뿐, 동물에게는 인간과 달리 살인에 대한 죄책감을 느끼는 "(　　　　　)"도 없으며, (　　　)으로 하나님과 교제할 수도 없다(요 4:24). 따라서 유인원을 비롯한 그 어떤 짐승도 사람처럼 생각을 하거나 종교심을 갖지 못한다(창 6:5).

4. 하나님께서 창조 주간의 여섯째 날에 그 "(　　　　　)"대로 원숭이도 만드셨고(창 1:24,25), 하나님의 "(　　　　)"대로 사람을 만드셨다(창 1:26,27). 이것이 바로 그들이 말하는 인류(mankind)의 시작이다.

■ 복습 문제의 정답은 홈페이지(www.solomonbtc.org)에서 확인할 수 있습니다.

NOTES

NOTES

제5과
노아의 대홍수의 증거들

『또 옛 세상을 아끼지 아니하셨으나 여덟 번째 사람인 의의 전파자 노아는 구원하시고 경건치 않은 자들의 세상에 홍수를 내리셨느니라』(벧후 2:5).

"교인"들도 창세기를 믿지 않는다

미국에서 이뤄진 설문 조사에 따르면 미국 내 기독교인들 중 상당수가 창세기에 기록된 사건들을 실재했던 역사적인 사건들로 믿지 않는다. 그 중에서도 특히 "노아의 대홍수"는 역사가 아니라 설화나 동화와 같은 이야기 정도로 생각하는 사람이 51%에 달한다.

그러나 사람이 믿지 않는다고 해서 사실이 거짓으로 변하지 않는다(롬 3:3,4). 하나님의 말씀인 성경에 기록되었고, 다수의 증거들이 노아의 대홍수가 실제로 벌어졌음을 확증하고 있다. 자기들의 지식 가운데 하나님 두기를 싫어하는 자들은 온당치 아니한 일들을 계속할 뿐이다(롬 1:28).

노아의 대홍수는 하나님의 심판이다

1. 노아의 날들

노아의 날들에는 온 세상이 사악함으로 가득 차 있었다. 인간의 모든 생각이 계속해서 악해져 가고, 폭력과 성적 타락이 극에 달했다. 세상이 하나님을 두려워하지 않고 타락한 양심을 드러낸 원인은 어디에 있는가? B.C. 4004년 아담에서 B.C. 2348년 노아의 홍수까지 약 1,600여 년 동안 하나님의 말씀을 들을 수 없었던 인간은 죄에 의해 완전히 지배되어 버렸다. 이때의 광경을 이렇게 기록하고 있다.

『특히 더러운 정욕 가운데서 육체를 따라 행하고 통치권을 무시하는 자들에게니라. 그들은 대범하고 완고해서 위엄있는 자들을 비방하기를 두려워하지 아니하느니라. 더 큰 능력과 권세를 가진 천사들도 주 앞에서 그들을 거슬러 비방하는 송사를 하지 아니하나, 이들은 잡혀서 멸망케 된 본성이 잔인한 짐승 같아서 자기들이 알지 못하는 것을 비방하다가 그들 자신의 타락 가운데서 완전히 멸망하게 되리라』(벧후 2:10-12)

노아의 홍수(B.C. 2348)를 촉발시킨 가장 큰 원인은 타락한 천사들이 이 땅에 내려와 거인으로서 사람의 딸들에게 들어간 일이다. 이것은 타락한 천사들이 인간의 피를 얻을 수 있는 유일한 길이었던 것이다. 이 사건은 하나님께서 보시기에 가장 가증스런 작태였는데, 그 이유는 인간들로 하여금 사탄의 씨를 얻게 했기 때문이다. 『그 당시에 땅에는 거인들이 있었고, 그 후에도 있었으니, 즉 하나님의 아들들이 사람의 딸들에게 들어와서 그녀들이 그들에게 자식들을 낳았을 때며, 그들은 옛날의 용사들로 유명한 사람들이 되었더라』(창 6:4).

하나님께서는 인간을 지으신 것을 후회하시고 이것들을 쓸어버리시기로 결심하셨다(창 6:5,6). 그래도 하나님께서는 의인인 노아를 통해 구원의 수단으로 방주를 짓게 하시면서 120년간의 유예기간을 주셨으나 인간들은 먹고, 마시고, 장가가고, 시집가다가 홍수가 나서 그들을 진멸시켜 버렸던 것이다(눅 17:27).

2. 노아의 내력

죄악으로 창대해진 악한 세상에서 오직 노아만이 하나님의 눈에서 은혜를 찾았다(창 6:8). 성경은 노아에 대해 『노아는 의인이요 그 당대에 완전한 사람이었으며 **하나님**과 동행』했다고 말씀한다. 하나님께서는 생명의 호흡이 있는 모든 육체를 땅과 함께 하늘 아래로부터 멸망시키시겠다고 노아에게 말씀하셨다. 그리고 노아에게 방주를 지으라 명령하시면서 한 언약을 세우셨다(창 6:18). 노아는 자신이 보지 못한 일들에 대해 하나님의 경고하심을 받고 두려움으로 행하여 방주를 지었다. 그 결과, 모든 인류 가운데 노아의 가족 8명만이 대홍수에서 생존할 수 있었다. 하나님께서 노아에게 명하신 모든 것을 그대로 행했기 때문에 하나님께서 세상을 정죄하신 심판에서 구원받은 유일한 "생명의 호흡이 있는 육체"가 되었던 것이다(창 6:17, 히 11:7).

방주, 완벽한 구조물

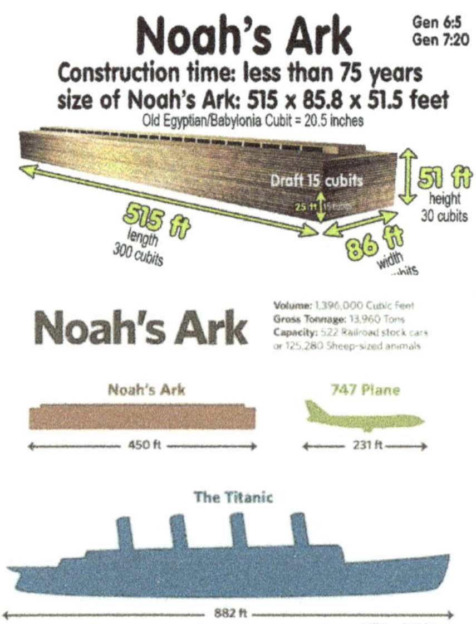

〈방주 제작 시방서〉

❶ 자재 : 고펠나무(상록수, 침엽수), 역청

❷ 규격(길이 × 너비 × 높이) :

300 큐빗 × 50 큐빗 × 30 큐빗(1큐빗 ≒ 45.7cm)

= 138m × 23m × 14m

❸ 추가 사항 :

창문 - 위로부터 일 큐빗 되는 곳에서 마무리

출입문 - 측면에 설치

3개층으로 구성(하늘의 세 "층" - 암 9:6, 고후 12:2)

우주 만물을 말씀으로 창조하신 하나님께서는 의인인 노아에게 방주의 설계를 말씀으로 설명하셨다(창 6:14-16). 성경대로 복원된 노아의 방주 모습은 흔히 아는 배 모양이 아닌 직육면체다. 이 독특한 직육면체의 대형 목조 선박은 탁월한 구조안정성, 복원안정성, 파랑안정성이 입증됐다. 창세기에 기록된 방주의 크기를 미터법으로 환산하면 대략 138m(길이) × 23m(너비) × 14m(높이)로 축구장보다 길고 배수량(선박의 무게) 2만 1000t 규모의 대형 선박임을 알 수 있다. 또한 방주의 비율을 따지면 10(길이) : 1.6(너비) : 1(높이)의 비율이다. 이 비율을 보고 가장 놀란 사람은 바로 선박공학자들이다. 이 비율은 수천 년간 수많은 희생의 결과 최근에서야 '가장 안정성이 뛰어난 선박 비율'로 확인된 것이다. 노아가 지금으로부터 4,300년 전에 하나님께서 알려주신 대로 방주를 지었고, 모세가 창세기를 기록한 시점이 약 3,500년 전임을 감안할 때 "하나님을 믿지 않는 과학자들"은 이를 두고 "당시 지식수준으로는 상상할 수 없는 너무나 과학적인 비율"이라고 결론 내린다(고전 1:25).

인류 최초의 대형 선박은 19세기에 건조된 "그레이트 브리튼호"다. 크기는

"그레이트브리튼호"(좌측)와 "U.S.S.오리건호"

290ft × 51ft × 32ft(피트)로서, 이를 미터로 환산하면 약 88.4m × 15.5m × 9.75m 이다. 9.1(길이): 1.6(너비): 1(높이)의 비율로 노아의 방주와 유사한 비율이었다.

노아의 방주의 규모에서 영감을 얻은 미국의 저명한 조선건축가 디키 박사는 미국 전함 U.S.S.오레건호를 설계할 때 노아가 방주를 건조할 때 이용했던 것과 동일한 설계 비율을 사용했다. 미 해군에서는 U.S.S.오레건호를 지금까지 건조된 것 중 가장 견고한 군함이라고 발표한 바 있다.

미국에서는 1950년대부터 노아의 방주에 대한 실험이 진행되었고, 우리나라에서도 1992년 대전엑스포장에 한국해양연구원 해양시스템안전연구소 신우회에서 노아의 방주를 실제크기의 1/5로 제작해 실험 연구를 진행했다. 노아의 방주에 대한 안전성을 실험한 결과 43m 높이의 파고가 일어도 방주가 뒤집히지 않아 미국 선박의 안전기준치보다 13배나 높은 복원성을 보였다. 당시 실험에 나선 과학자들은 "배가 정말 안전하려면 파도에 정면으로 부딪쳐야 한다. 놀랍게도 방주는 파도가 치면 파도 쪽으로 배 방향을 틀려는 성향을 보였다"면서 "처음 실험을 시작할 때 걱정과 달리 연구를 마친 후 하나님의 지혜와 설계로 방주가 제작됐다는 것을 확신할 수 있었다"고 밝혔다. 비록 인간들이 노아의 방주를 재현하여 실제 있었던 사건임을 규명하는 듯 보이지만, 실상은 성경을 믿지 않는 인본주의 과학자들이 성경을 의심하여 하나님을 배격한 행동의 열매들이다.

전지구적인 홍수(Global Flood)

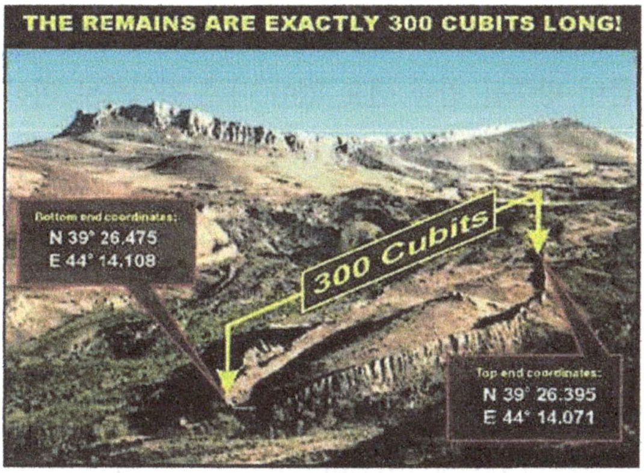

아라랏 산 노아의 방주 위치(추정)

노아의 홍수가 역사적으로 실제 발생했던 사건이라는 점과 방주가 실존했었음을 증명하는 근거는 "아라랏 산"3)이다. 아라랏 산은 해발 5,165m로서 만년설로 뒤덮여있고, 현재의 국경선으로는 터키 북동쪽 끝자락에 위치해 있다. 성경에서는 방주가 "아라랏 산지 위에 멈췄다"(창 8:4)고 말씀한다. "아라랏"은 창조 혹은 "거룩한 땅"이라는 뜻이다. 역사적으로 방주를 목격한 인류의 증언들로는 1269년 마르코 폴로가 아르메니아 근처에서 방주를 보았다고 기록했고, 이후 19세기 말부터 영국과 터키의 과학자들이 방주를 목격했다고 증언했다. 1916년에는 제정 러시아 공군에 의해 아라랏 산에서 방주로 추정되는 구조물이 발견되었으며4) 1940년대에 제2차 세계대전에 참전했던 비행사들이 아라랏 산지에서 방주를 목격했다고 증언했다. 1955년에는 프랑스인 페르난드 나바라가 방주에서 떨어져 나간 목재 조각을 채집했는데, 확인 결과 최소 4,000년 이상 된 나무로 판명이 났다.

노아의 홍수가 지닌 역사성은 가장 확실한 증거인 성경 외에도 전세계에 걸쳐 발견되는 역사 자료들을 통해 알 수 있다. B.C. 2316년 앗시리아의 기록, B.C.

---

3) 아라랏 산은 노아의 산(페르시아), 방주의 산, 고통의 산(터키), 재난의 산(쿠르드) 등으로 불린다.

4) Violet M. Cummings, 〈*Noah's Ark, Fable of Fact?*〉

2300년의 고대 그리스의 기록에 대홍수가 등장하고 이집트의 "길가메쉬 서사시"에서도 대홍수의 기록을 찾아볼 수 있다.

노아의 홍수는 전지구적인 홍수(Global Flood)이다. 만약 지역적인 홍수(Local Flood)였다면 홍수 이후 방주가 산에 머무르지 않고 바다로 내려갔을 것이다. 또한 지역적인 홍수라면 굳이 방주를 만들 필요 없이 다른 지역으로 피하면 되었을 것이다. 더군다나 동물들을 한 쌍씩 방주에 태울 필요도 없을뿐더러 지역적인 홍수였다면 땅에 있는 모든 것이 다 죽을 수는 없다.

지구가 대홍수로 인한 물로 잠겼을 때, 엄청난 파괴가 일어났고 그때 엄청난 퇴적층들이 생겨나 현재에 이르게 되었다. 산꼭대기에 쌓여 있는 해토(海土), 지구 자전축의 경사(23.5도), 기후 변화와 하루의 길이의 변화, 산의 형성에 관한 이론, "극띠"(Polar Caps), 석유 매장지(가시와 지느러미가 있는 물고기들이 위험하고 두려운 상태에서 한꺼번에 압착되었을 때 생기는 기름) 등 70여 개 이상의 지질학적 현상들이 대홍수를 입증해 주고 있다.[5] 북아메리카 대륙에 있는 그랜드캐년의 웅장함은 가히 인간을 압도하는데, 진화론 과학자들은 최소 3억년의 시간이 흐르는 동안 풍화와 침식 작용을 통해 퇴적층들이 생성되었다고 주장한다. 그러나 전지구적인 홍수가 아니고서는 이런 거대한 퇴적층이 형성되었다고 설명할 수 없다. 지구 전체가 물로 뒤덮인 상태에서 자전하는 지구에 태양과 달의 인력이 작용하면 어떤 결과가 발생하는가? 온 지구를 휩쓸고 다니는 물이 지면의 높은 곳들을 깎아내면

북아메리카 "그랜드캐년"(Grand Canyon)

5) Donald Patton, 〈*The Biblical Flood and the Ice Age Epoch*〉
Alfred M. Rehwinkel, 〈*Concordia*〉

깊고 넓은 곳들에 흙들이 쌓이게 된다. 그에 따라서 엄청난 퇴적층이 형성되는 것이다. 그에 대한 증거는 지층과 화석이 설명해준다. 지층은 단기간에 강력한 힘에 의하지 않고는 형성되지 않는다. 그랜드캐년을 통해서 볼 때, 퇴적은 광범위하게 이루어졌고 그 경계면이 뚜렷하며 퇴적층의 형상도 울퉁불퉁하지 않고 마치 찍어낸 듯 평평하다. 고고학자들에 의해 발견되는 화석들은 홍수 때 매몰된 순서를 보여줄 뿐, 진화 계열과는 무관하다.

엄청난 양의 물들은 어디에서 왔는가?

『칠 일 후에 홍수의 물들이 땅에 있었더라. 노아의 생이 육백 세 되던 해 둘째 달, 그 달 십칠일, 그 날에 모든 큰 깊음의 샘들이 터지고 하늘의 창들이 열렸으니, 비가 땅에 사십 일 낮과 사십 일 밤을 내렸더라』(창 7:10-12).

창세기 7장에서는 "큰 깊음의 샘들이 터지고 하늘의 창들이 열렸"다고 말씀한다. 이것은 둘째 하늘과 셋째 하늘 사이에 있는, 태양계와 은하계 저 너머 지금 현재에도 존재하는 거대한 물층을 말한다(시 148:4, 욥 26:10; 37:18; 38:30). 이 물층은 요한계시록 4:6과 15:2에서는 절대 영도로 얼어 있는 "유리 바다"로 묘사된다. 이 물은 태양계를 단 40일 만에 홍수로 뒤덮을 정도의 분량이다.

성경을 믿지 않는 과학자들의 논리로서는 오늘날 40일의 강우량으로는 지구 전체를 덮는다 하더라도 기껏해야 해발 100m 미만으로 덮을 수 있다. 40일 안에 해발 8,000m 이상의 높이(에베레스트 산의 높이 : 해발 8,848m)를 덮으려면 분당 1.7cm, 시간당 1m, 매일 240m의 비가 내려야 한다. 과학자들은 모세와 욥이 알았던 지식을 약 3,500여 년이 지난 1994년이 되어서야 2억 광년 너머에 있는 태평양보다 30억 배나 큰 물 덩이를 찾아냈다고 밝혔다.[6]

실로 어마어마한 양의 물이 불어나서 방주를 띄웠다. 물은 널리 퍼져 크게 불어났다. 비는 지옥의 망치처럼 지붕 위로 쏟아졌고, 온 세상이 뒤집혀졌다(우리가 경험한 "장대비" 정도로 생각해서는 안 된다). 조류는 시속 160km의 속도로 하루에 두 번씩 세상을 강타했다. 적도 부근에서는 파도가 무려 10km 높이에 달할 정도로 솟구쳤다. 이러한 조류의 솟구침과 더불어 화산은 폭발했고 화산 폭발물들은 대기권을 넘어서 뻗어 나갔다.[7] 비는 쏟아졌고 산 꼭대기는 물에 잠겨 사라져 버렸다. 만약 공룡들이 살고 있었다면 이들은 무게 때문에 가라앉아 죽었을 것이다. 역사상 전무후무한 강수에 화산 폭발이 엎치고, 천둥번개가 굉음을 내며 덮치는 그 상황 속에서 노아의 가족은 "물로 말미암아" 구원을 받았다(벧전 3:20,21). 주님께서는 노아에게 방주로 "들어가라"고 말씀하지 않으셨다. 『너와 네 온 집안은 방주로 들어오라』(창 7:1). 이것이 바로 성경에 나오는 최초의 초청이다.

■ 새롭게 깨달았거나 적용할 내용이 있다면 적어 보세요. ■

6) 미국천문학회(American Astronomical Society) 1994년 발표 자료
7) 1815년 인도네시아 탐보라 화산 폭발, 크라카토아 화산 폭발 당시에는 "바위"가 54km 까지 날아가기도 했다.

대홍수의 기간

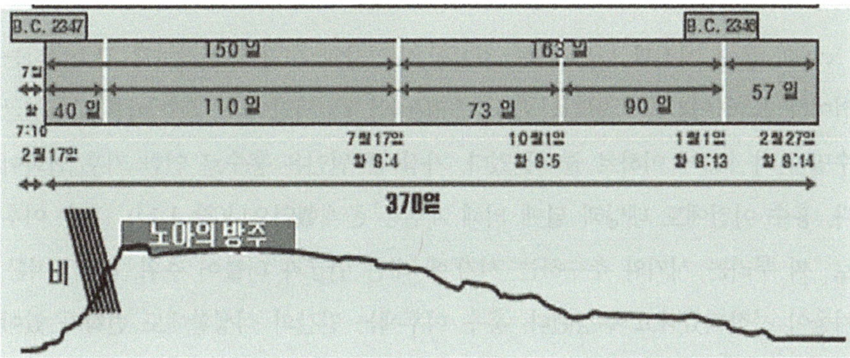

Timeline of the Ark & Flood Waters

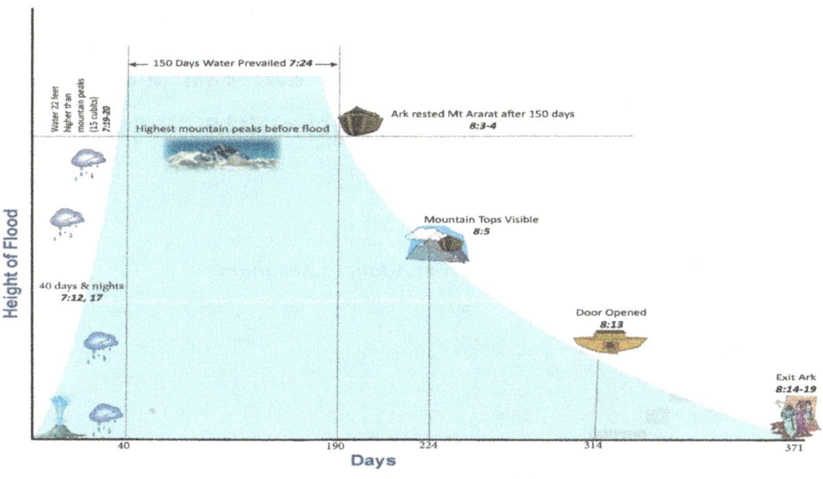

■ 새롭게 깨달았거나 적용할 내용이 있다면 적어 보세요 ■

대홍수 이후 발생한 변화

노아의 홍수 이전과 이후의 큰 차이점은 인간의 수명이 급격하게 감소했다는 점이다. 노아 이전까지 인간의 평균 수명은 약 900세였으나, 홍수 이후로는 평균 수명이 약 400세 이하로 줄어들었다. 가장 큰 원인은 홍수로 인한 기후 변화이다. 홍수 이전에도 태양과 달에 의해 계절은 존재했었으나(창 1:14), 홍수 이후로 "씨 뿌리는 시기와 추수하는 시기"에 대한 언급과 더불어 추위, 더위, 여름, 겨울이 시작되었다고 추정된다. 홍수 이후에는 인간의 식생활에도 변화가 있어서 육식 생활을 시작했다(창 9:3).

하나님께서는 노아와 언약을 세우시고 "다산하고 번성하여 땅을 다시 채우라."고 명령하셨다(창 9:1; 1:28 참조). 그리고 다시는 물로 세상을 멸망시키지 않겠다고 약속하셨다. 그 약속의 증표로서 일곱빛깔의 아름다운 "무지개"를 선물로 주신 것이다(창 9:11-13).

Genesis Timeline from Adam to Abraham

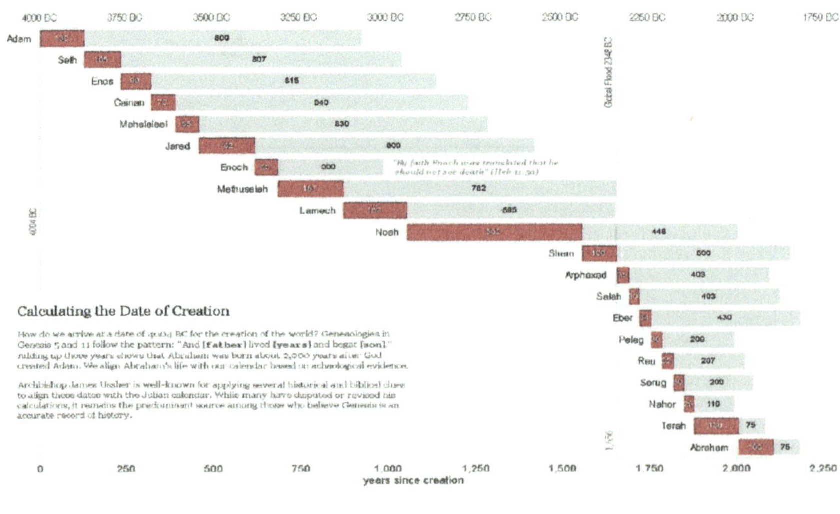

NOTES

NOTES

제6과
성경을 통해 본 수학적 원리들

『내가 네 씨를 땅의 티끌 같게 할 것임이니, 사람이 땅의 티끌을 셀 수 있다면 네 씨도 셀 수 있으리라』(창 13:16).

자연계에 나타난 수학적인 법칙

성경을 자세히 읽어본 사람은 4, 7, 10, 12, 40, 70과 같은 숫자들이 자주 사용되고 있다는 것을 알 수 있을 것이다. 이 수들은 구약과 신약 모두에서 자주 나타나고 있다. 그러한 이유는 성경에 이 숫자들의 상징적 의미에 근거를 둔 "수의 체계"가 있기 때문이다. 하나님께서는 "위대한 수학자"이시며, 무슨 일을 하시기 전에 미리 숫자, 무게, 도량형 단위 등으로 계획을 세우신 후 그 계획대로 일을 하신다. 만일 하나님께서 참으로 이 세상의 창조주이시며 또한 성경의 저자이시라면, "하나님의 말씀"과 "하나님의 사역"은 서로 조화를 이루어야 한다(클라렌스 라킨).

1. 자연계에 나타난 일곱의 법칙

❶ 일부 조류 및 어류의 부화 시기 : 7의 배수(병아리 - 3주, 비둘기 - 2주, 연어 - 29주)

❷ 대부분의 포유류 임신 기간 : 7의 배수

❸ 인간과 관련한 일곱의 법칙 : 세포의 생성 주기 - 7년, 몸의 지체 수 - 7개(머리, 눈, 코, 귀, 입, 손, 발), 질병 - 어떤 질병은 발병 7일째, 14일째, 21일째 가장 심하게 앓음, 임신 기간 - 평균 280일(7×40주)

❹ 7개의 "음계"(도, 레, 미, 파, 솔, 라, 시)와 7개의 "색깔"(빨강, 주황, 노랑, 초록, 파랑, 남색, 보라색)

❺ 나뭇잎의 모양이 만들어지는 법칙 : 7가지

2. 성경에 나타난 일곱의 법칙

❶ 재창조 : 6일간의 창조 사역을 마치시고 7일째에 안식하심(창 2:2)

❷ 율법 : 일곱 번째 날(안식일, 출 20:8-11), 일곱 번째 주 안식일 다음 날(오순절, 레 23:15,16), 일곱 번째 달(레 23:23-43), 일곱 번째 해(안식의 해, 레 25:3,4), 일곱 번째 해가 일곱 번(49년) 지난 후의 해(50년째 - 환희의 해, 레 25:8-17)

❸ 일곱 별, 일곱 금촛대, 일곱 교회, 일곱 천사(계 1:20), 일곱 영(계 3:1), 일곱 봉인(계 5:5), 일곱 나팔(계 8:2), 일곱 호리병(계 16:1) 등

하나님께서는 가장 위대한 "수학자"이시고 "예술가"이시며 "건축가"이시다. 경이롭게 지어진 우주 만물과 "지구의 허파"로 불릴 만큼 지구 산소의 20% 이상을 만들어 내는 "아마존의 우림," 아르헨티나 이구아수 강을 따라 장관을 연출하면서 떨어지는 270여개의 "거대한 폭포들," 유명한 조각품같이 보이는 3천여 개의 크고 작은 섬들로 구성된 베트남의 "하롱 만," 길이가 약 400km에 달하는 대규모 퇴적층이 쌓여 있는 미국의 "그랜드 캐니언," 아프리카에서 가장 높다고 하는 탄자니아의 "킬리만자로 산" 등 하나님의 위대한 작품을 보라!

3. 수학적인 "황금 비율"(Golden Ratio)에 따라 만들어진 건축물과 예술품

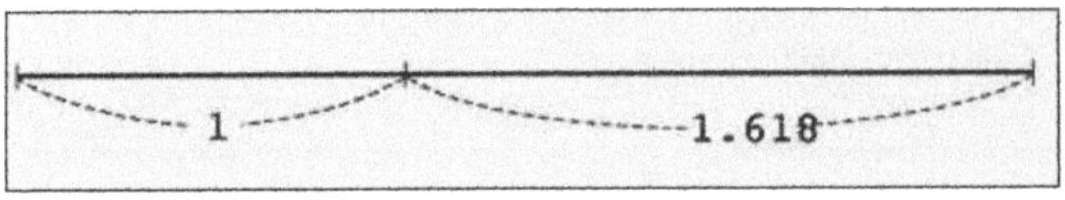

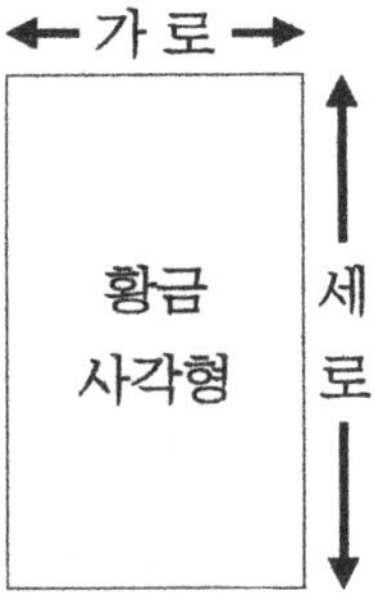

"황금 비율"은 인간이 인식하기에 가장 아름답고 균형적이며 이상적으로 보이게 만드는 비율을 의미한다. 모든 요소가 조화와 대칭을 이루어 보기에 편안하고 아름답게 느껴지므로 실생활의 디자인에 많이 적용된다.

좌측의 그림에서 "직사각형"의 "가로의 길이" 대 "세로의 길이"의 비율은 "1:1.618"인데, 이것이 바로 소위 "황금 비율"(Golden Ratio)이고, 그 비율로 이루어진 사각형을 가리켜 "황금 사각형"(Golden Rectangle)이라고 부른다.

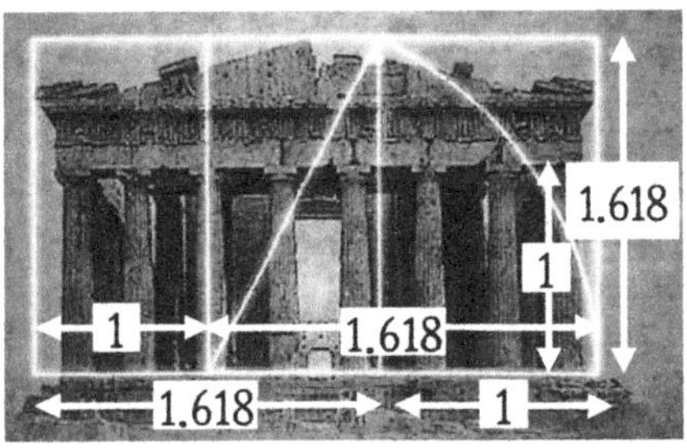

파르테논 신전

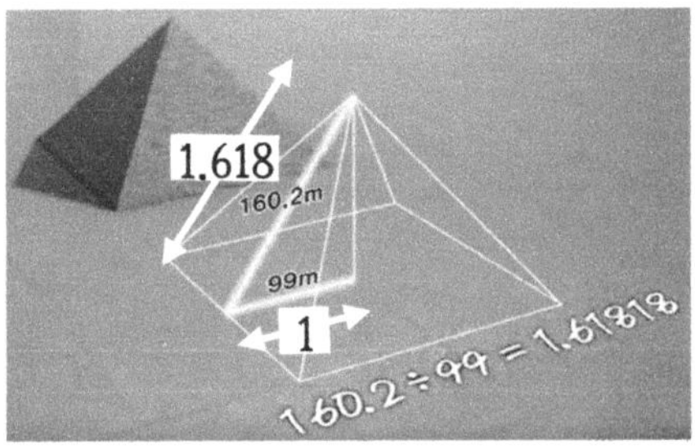

이집트의 기자 피라미드

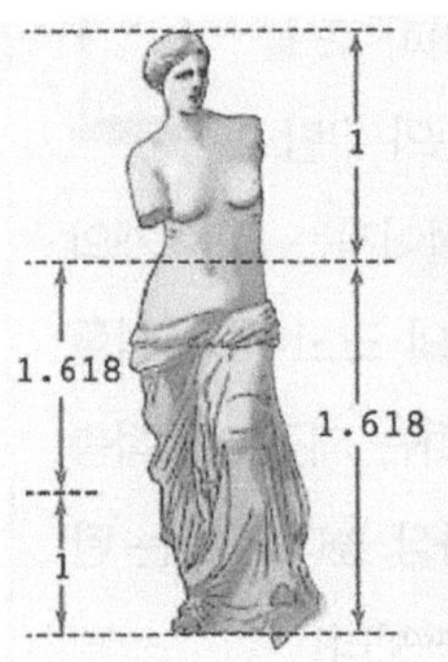

밀로의 비너스 상

모나리자

애플(Appel)의 로고

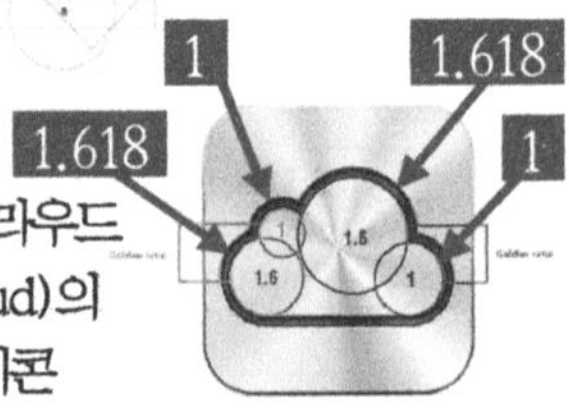

아이클라우드(iCloud)의 아이콘

4. "피보나치 수열"(Fibonacci Series)[8]과 "황금 나선" 혹은 "황금 각도"(137.5도)의 일정한 "수학적 패턴"을 갖고 자라나는 생물들

잎과 피보나치 수열

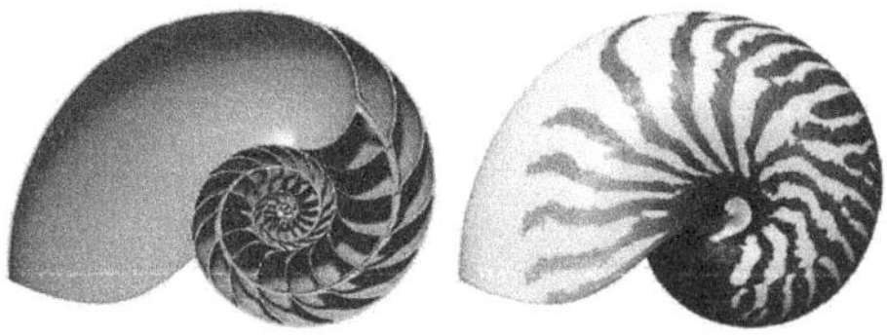

황금 나선 모양과 앵무조개

해바라기

솔방울

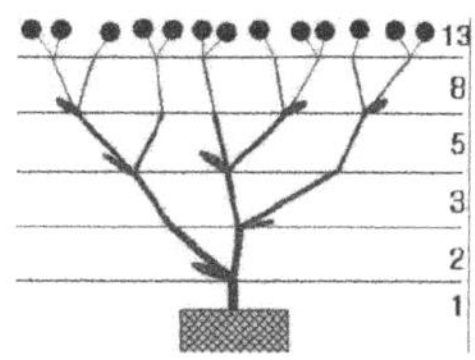

나뭇가지 수

5. "보로노이 다이어그램"(Voronoi Diagram)[9]의 일정한 "수학적 패턴"을 가진 곤충의 날개

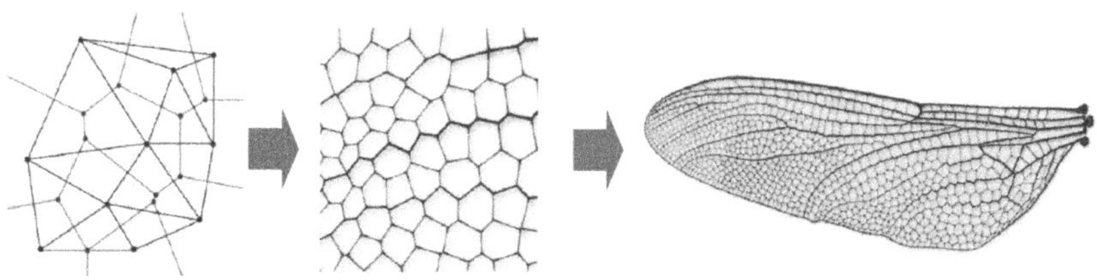

보로노이 다각형 　　　　 곤충의 날개

---

8) 레오나르도 피보나치(Leonardo Fibonacci, 1170-1250)는 이탈리아의 수학자로서 상업적인 목적으로 지중해 연안을 여행하다가 많은 수학적인 지식을 얻었고, 이후 아라비아 숫자를 유럽에 소개했으며, 후세에 산술과 대수의 기초를 마련했다. 피보나치 수열은 "1, 1, 2, 3, 5, 8, 13, 21, 34, 55, 89..."로서 일정한 규칙을 보인다.

9) 조지 보로노이(George Voronoy, 1868-1908)는 우크라이나 출생의 러시아 수학자이다. 평면 위에 여러 개의 점을 찍은 다음, 가장 인접한 두 개의 점을 선택하여 수직이등분선을 그리면 평면은 수직이등분선에 의해 여러 개의 다각형으로 분할되는데, 이렇게 그려진 그림을 보로노이 다이어그램이라고 한다.

말씀으로 하늘들과 땅을 창조하신 하나님께서는 우주 만물을 "수학적으로" 설계하셨다. 이것은 인간의 지성과 논리를 따라 세워진 "수학 이론"이 우주 만물의 "수학적 설계"와 상당히 일치하고 있다는 점에서 잘 드러난다. 그것은 당연한 일인데, 우주 만물을 창조하신 하나님께서는 인간도 만드셨기 때문이다. 무엇보다도 자신의 형상과 모습대로 창조하셨다. 말하자면 인간은 모든 지혜와 지식의 보고이신 창조주 하나님으로부터 수학적인 지혜를 얻은 것이다. 어디 수학뿐이겠는가? 언어, 과학, 의학, 역사, 음악, 미술 등이 모두 창조주 하나님의 지혜로부터 나왔다. 문제는 죄인인 인간이 하나님의 지혜를 세상적이고 마귀적인 지혜로 변질시켰다는 데 있는 것이다.

"수"에 대해 정교하시고 예민하신 하나님

성경에는 "수, 숫자, 계수하다"(number)라는 단어가 약 373회 등장하고, "민수기"(Numbers)에만도 125회 나온다. 민수기는 "명부들," 곧 어떤 일에 연관된 사람의 이름들을 다루고 있는데, 이 명부들 안에는 많은 숫자들이 들어 있다. 특히 이 "숫자들"은 이스라엘 지파들의 수와 40년간의 방황하는 광야 생활, 백성들의 진영과 배치, 군대 소집, 다양한 제사들, 도피 성읍 등을 다룬다. 이를 통해 우리는 『**모든 일을 품위 있게 하고 또 질서 있게 하라.**』(고전 14:40)라고 명령하시는 하나님의 모습을 발견하게 된다.

하나님께서는 숫자에 정통하시며, **우주 만물의 모든 "수"를 정확하게 헤아리신다**. 하늘의 군상들을 "수효"대로 이끌어 내시고, 그들의 이름을 일일이 부르시며(사 40:26), "**별들의 수**"를 헤아리신다(시 147:4). "**하늘의 구름의 수**"를 셀 수 있으시고(욥 38:37), 바닷가의 모래의 수와 땅의 티끌의 수도(창 13:16) 정확하게 알고 계신다. 이스라엘 "**백성들의 수**"를 정확히 계수하시고(민 1:3), 잃어버린 양과 그렇지 않은 양의 수도 헤아리신다(눅 15:4). 인간의 "**머리카락 수**"도 모두 세어 놓으셨다(마 10:30, 눅 12:7).

> "수학은 하나님께서 우주를 기록하실 때 사용하신 언어다"(갈릴레오 갈릴레이).
>
> 

하나님께서는 **"수치"를 정확하게 기록하신다**. 하나님께서 노아에게 "**방주의 규격**"을 말씀하셨을 때(창 6:15), 가장 안전하고 견고한 비율로 만들게 하셨다. 성경에는 성막, 성전, 새 예루살렘의 "**규모와 치수**"가 정확하게 기록되어 있다. 율법에는 하나님께 드리는 "제물의 수"가 구체적으로 기록되어 있고, 하나님께서는 그분의 백성이 드리는 "**예물의 수**"를 정확히 세시고 기록하신다(민 7:1-89). 성경에는 145회 이상의 전쟁이 기록되고, 그중 열 번의 전쟁에서는 "**사상자 수**"까지 구체적으로 기록되어 있다.

한편 하나님께서는 **"시간"을 정확하게 지키신다**. 하나님께서는 친히 말씀하신 "때와 시기"를 정확하게 지키실 만큼 주변 상황과 모든 역사적인 변수들을 통제하고 주관하신다. 대홍수로 인한 심판에 앞서서 "**120년의 유예 기간**"(창 6:3)을 정확히 지키셨다. 이집트로 내려가 노예로 전락해 버린 아브라함의 후손을 약속하신 대로 정확하게 "**사 대 만에**"(창 15:13-16) 가나안 땅으로 돌아오게 하셨다. 카데스바네아 사건 당시 정탐꾼들이 탐지한 날수를 따라 40일의 하루를 1년으로 정해서, 하나님을 거역하여 불평했던 자들로 하여금 정확히 "**40년 동안**" 광야에서 방황하다가 죽게 하셨다(민 14:26-35). 예레미야 25:9-11에서 말씀하신 바벨론 "**70년간의 포로 생활**" 역시 한 치의 오차도 빗나가지 않고 그대로 지키셨다.

수학적인 현상을 담고 있는 성경

1. 성경 예언의 정확성

지금까지 발견된 모든 "과학적 법칙들"을 능가하는 "수학적인 현상"이 성경에서 발견되는데, **이는 "문자 그대로 이루어진" 예언들이 일어날 수 있는 확률을 계산해 볼 때 더욱 두드러진다**.

> 성경을 거부했던 알버트 아인슈타인은 자신이 무신론자가 된 이유에 대해 "수학 공식이 아닌 하나님"을 믿을 수 없었기 때문이라고 밝혔다. 이 거듭나지 못한 자연인은 자기 망상 속에서 하나님을 제멋대로 규정지어 놓고는, 자신을 그리스도께로 인도하려는 복음전파자들의 모든 시도를 거부해 버렸다. 그는 적그리스도처럼 숫자에 능한 사람이었다(피터 S. 럭크만).

성경은 예수 그리스도의 초림에 관하여 48가지의 세부적인 예언을 하고 있는데, **이 모든 예언들이 성취될 통계적이고 수학적인 확률은 "10^{157}분의 1"로서** (피터 스토너의 〈Science Speaks〉) 지극히 불가능한 확률이었지만 **초림 당시에 문자 그대로 정확하게 성취되었다**. 성경은 아직 일어나지 않은 미래에 일어날 사건에 관해서도 500여 가지의 예언을 구체적으로 제시하고 있는데, "한 사람"(예수 그리스도)을 다루고 있는 "하나의 역사적인 사건"(재림)에 관한 그 예언들이 미래에 일어날 확률은 "10^{8000}분의 1"이다.

> 이런 수학적인 현상들을 깨닫기 위해 우리 스스로가 굳이 수학자가 될 필요는 없다. 그러나 하나님께서는 그 일을 정확히 이루심으로써, 그분의 존재를 "수학적으로도" 증명해 주셨다.

2. 성경의 숫자들

성경은 전체 1,189장(구약 - 929장, 신약 - 260장), 31,102구절로 이루어져 있고, 그 안에는 반론의 여지가 전혀 없는 "**장과 절을 표시하는 독특한 숫자들**"이 들어 있다. 진정한 수학의 창시자이신 하나님께서는 이 우주를 매우 수학적으로 운영되도록 만드셨기 때문에 누구나 그 사실을 쉽게 목도할 수 있다. **특히 숫자들은 우주에서 작용하는 법칙과 연관된다는 점에서 참으로 독특한 부류인데**, 다시 말해 "**수학은 정밀한 과학**"인 것이다.

하나님께서 우주 안에 확립하시고 규정해 놓으신 조화와 법칙들은 그분 자신의 신격과 상관관계가 있으며(롬 1:20) 그것은 숫자들을 통해서도 잘 드러난다. 일례로 "삼위일체"는 하나님의 기본적인 속성이자 본질인데, 그렇게 숫자 "3"으로 구성되는 삼중성, 곧 삼중적인 공식은 시공간을 포함하여 우주 안에 있는 모든 것들에서 발견되고 있는 것이다.

■ 새롭게 깨달았거나 적용할 내용이 있다면 적어 보세요. ■

숫자들은 색깔들처럼 각기 나름의 보편적인 의미를 지니고 있다. 절대적인 진리의 저자이신 하나님께서는 성경의 계시를 통하여 우주의 본질적인 문제, 곧 "숫자들"을 기반으로 세워 두신 목적이나 계획 또는 일정한 양식을 보여 주신다.

> 성경 안에는 숫자의 의미에 대한 정보가 충분하게 들어 있으므로, 의도를 가지고 이 성경을 만드신 "설계자"(Designer)께서는 우주의 창조를 "시작하신 분"(Author)이요, 진리를 "계시하시는 분"(Revealer)이라는 사실을 그 숫자들의 의미를 통해 깨닫게 된다(피터 S. 럭크만).

3. 성경의 숫자들의 의미

1	"일치와 연합"(창 2:24; 11:6, 신 6:4, 막 12:32, 요 10:30, 엡 4:4-6)
2	"분리"(창 1:16, 암 3:3, 전 4:9, 슥 14:4, 롬 3:21)
3	"일치 안에서의 분리, 분리 안에서의 일치, 하나님의 수"(삼위일체, 삼중적인 공식)
4	"세상"(사계절, 사 11:12, 겔 1:5, 단 7:2-8, 마 24:6,7)
5	"죽음"(창 5:5; 43:34; 45:22, 출 27:1, 삼하 2:23; 3:27; 4:6; 20:10, 행 5:5)
6	"인간"(창 1:31, 계 13:18), "시간의 구분"(눅 23:44, 계 12:14)
7	"완전함, 계시의 완성"(레 23,25장, 일곱으로 일하시는 하나님, 일곱 체계)
8	"새로운 시작"(창 17:11-14, 레 23:36, 벧전 3:20, 벧후 2:5)
9	"열매를 맺는 것"(갈 5:22,23, cf. 창 17:1, 요 12:24, 임신 기간)
10	"이방인"(창 10장, 행 10장, 롬 10장, 계 17:12, 십진법)

12	"이스라엘"(창 12장, 출 12장, 계 12장, 신 32:7,8)
13	"반역과 저주"(창 14:4, 갈 3:13, 행 13:39, 계 17:4, 요 13:13, 계 13:18)
40	"시험"(창 7:4, 민 14:33,34, 출 24:18, 왕상 19:8, 마 4:2,3)
1000	"인류 역사의 구분점"(벧후 3:8, cf. 요 1:17, 계 20:1-8)
7과 40	"대환란과 시험을 끝내는 예수 그리스도의 재림"(창 7:4)

■ 새롭게 깨달았거나 적용할 내용이 있다면 적어 보세요. ■

NOTES

제7과

성경대로 믿은 창조 과학자들

『믿음으로 우리는 세상들이 하나님의 말씀으로 지어진 것을 깨닫나니 보이는 것들은 나타나는 것들로 된 것이 아니니라』(히 11:3).

어리석은 과학자

미국의 물리학자 알버트 아인슈타인(1879-1955)에게는 평소에 그가 존경했던 세 명의 과학자가 있었으니, 곧 아이작 뉴턴, 마이클 페러데이, 제임스 맥스웰이었다. 이들을 얼마나 존경했는지 자신의 연구실 벽에 그들의 사진을 붙여 놓았을 정도다. 뉴턴은 만유인력의 법칙으로, 페러데이는 전자기유도로, 맥스웰은 전자기학에서 가장 두각을 나타냈던 과학자로 알려져 있다. 그러나 사람들은 이들 모두가 성경을 믿은 "창조 과학자들"이었다는 사실에 대해 잘 모른다. 아인슈타인은 그런 무지한 세상으로부터 찬사를 받았는지 모르지만, 그가 존경했다고 하는 세 과학자가 지녔던 "믿음"을 저버린 가장 어리석은 죄인이었다. 『어리석은 자는 자기 마음에 말하기를 "하나님은 없다." 하였도다. 그들은 부패하고 가증한 악을 행하였으니 선을 행하는 자가 아무도 없도다』(시 53:1).

성경대로 믿은 창조 과학자들

1. 아이작 뉴턴(Isaac Newton, 영국의 물리학자, 1642-1727)

"만유인력의 법칙"을 발견한 아이작 뉴턴은 주 예수 그리스도를 자신의 구주로 영접한 그리스도인이었고, 성경을 성령으로 감동을 받은 사람들이(벧후 1:21) 기록한 하나님의 말씀으로 믿었다.

1687년 만유인력의 원리를 처음으로 세상에 널리 알린 책 〈프린키피아, Principia〉에서, 뉴턴은 다음과 같이 쓰고 있다. 「천체는 태양, 행성, 혜성 등으로 매우 아름답게 이루어져 있는데, 이것은 지성을 갖춘 강력한 통치자의 의도와 통일적 제어가 있기 때문에 존재하게 된 것이라고 말할 수밖에 없다. 지극히 높으신 하나님께서는 영원, 무궁, 완전하신 분이시다.」

만유인력이 발생하는 궁극적인 원인이 창조주 하나님께 있다고 생각했고, 자연의 기본적인 법칙들(만유인력, 광학, 운동의 법칙들)에 대한 발견은 모두 기도의 응답으로 이루어진 것들이라고 고백했다.

뉴턴과 프린키피아

2. 마이클 패러데이(Michael Faraday, 영국의 물리학자, 1791-1867)

전자기학의 선구자로 불리는 마이클 페러데이는 자연을 하나님께서 손가락으로 기록해 두신 책이라고 생각했다. 즉 인간은 창조물을 통해서 하나님의 모습을 발견할 수 있다고 믿은 것이다(롬 1:19,20).

그는 영국의 국교에 편승하지 않았고, "성경으로 돌아가야 한다"는 믿음을 견지했다. 그리고 죽을 때가 가까웠을

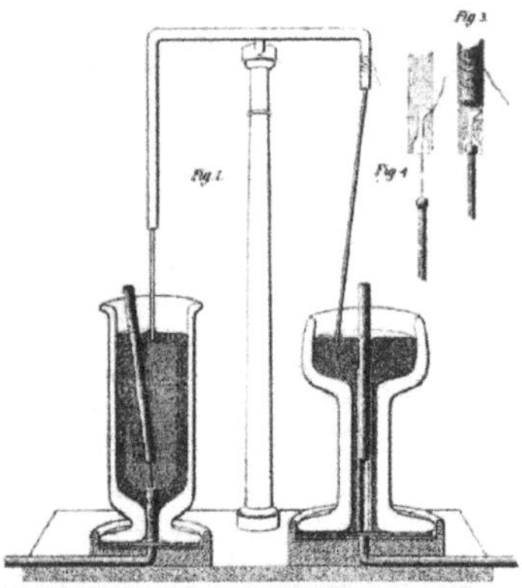

전자기력 회전 실험

왕립 연구소 패러데이의 실험실

무렵 “자네는 지금 어떤 추측을 하고 있는가?”라는 한 친구의 질문에, 그는 추측은 없고 “확신”만 가지고 있다고 말하면서 디모데후서 1:12의 말씀을 인용했다고 한다. 『그런 연유로 내가 이러한 고난을 당해도 부끄러워하지 아니하노니, 이는 내가 믿은 분을 알고, 내가 위탁한 것을 그 날을 대비하여 그분께서 능히 지키실 줄을 확신함이라.』

3. 제임스 클러크 맥스웰(James Clerk Maxwell, 영국의 물리학자, 1831-1879)

전자기학 분야의 또 하나의 거장, 제임스 클러크 맥스웰은 하나님께서 우주를 설계하시고 창조하셨으며, 인간을 그분의 형상대로 만드셔서 피조물을 다스리게 하셨다고 생각했다. 뿐만 아니라 인간을 죄에서 구원하시기 위해 예수 그리스도를 보내셨다는 말씀도 믿었다.

성경에 관한 한 폭넓은 지식을 가지고 있었

고, 말년에는 다음과 같이 고백했다고 한다. "다윗처럼 하나님의 뜻대로 섬기다가 주님의 품 안에 잠드는 것이 나의 유일한 소망이다."

도대체 아인슈타인은 그가 존경했던 과학자들로부터 무엇을 배운 것인가? 그들의 위대한 업적을 낳은 성경적인 믿음에 대해 아무것도 배우지 못한 그는 "천재"인가 "바보"인가? 그가 하나님(성경)보다 더 신뢰했던 "수학 공식"은 그를 지옥에서 건져 내지 못했다. 하나님께서는 성경을 믿지 않는 그에게서 지혜와 명철을 없애 버리신 것이다(고전 1:19). 성경은 세상의 모든 과학 서적들 중에서 유일하게 가장 정확하고 무오한 교과서이다. 이는 그것이 창조를 시작하셨고 역사의 저자이시며 구원의 창시자요, 완성자이신 주 하나님께서 기록하신 책이기 때문이다. 이 책은 천문학에서부터 기상학, 지구상의 물을 연구하는 수문학, 지질학, 화석학, 생물학, 생리학, 인류학 등에 이르기까지 다방면으로 과학적인 기본 원칙들을 가르쳐 준다. 성경에서 출발하지 않는 한 어떤 지혜도 얻을 수 없다. 욥은 인간에게 다음과 같이 도전한다. "짐승들에게, 공중의 새들에게, 땅에게, 바다의 고기들에게 물어보라! 그것들이 가르쳐 줄 것이다!" 『**이것들 중 그 어느 것이 주의 손이 이 일을 이루신 줄 알지 못하겠느냐?**』(욥 12:9).

4. 제임스 줄(James Joule, 영국의 물리학자, 1818-1889)

열역학의 선구자로 불리는 제임스 줄은 성경을 믿었고 하나님의 뜻에 온전히 순종했던 그리스도인이었다. 당시 영국을 휩쓸었던 다윈의 진화론에 대항해서는 성경의 "과학적 완전성"에 대한 믿음을 표명했다.

줄은 열역학에 관한 2개의 법칙을 발견했는데, 제1법칙은 도체에 전류가 흐를 때 발생하는 열에너지가 도체의 저항과 흐르는 전류의 제곱에 비례한다는 법칙이며, 제2법칙은 이상기체의 내부 에너지가 온도에 의해 결정된다는 법칙이다.

5. 루이 파스퇴르(Louis Pasteur, 프랑스의 생화학자, 1822-1895)

전염병으로부터 많은 사람들의 목숨을 구한 세균학의 아버지, 루이 파스퇴르는 "백조 목 플라스크 실험"을 통해 "생물속생설"을 증명함으로써 "생물이 무생물로부터 자동적으로 발생된다"는 "자연발생설"에 치명타를 날렸다. 이처럼 진화론에 강력히 반대했던 그는 "자연을 더 많이 연구하면 할수록, 창조주의 역사에 더욱 놀라지 않을 수 없다."라고 말했다.

6. 사무엘 모스(Samule Morse, 미국의 발명가, 1791-1872)

전신기와 모스 부호를 발명한 사무엘 모스는 자신의 모든 업적에 관하여 "주여, 모든 찬양을 우리가 아닌 주님의 이름에 돌립니다."라고 말했다. 그가 전신기를 통해 보낸 첫 번째 공식적인 메시지는 『하나님께서 이루어 놓으신 일이 어떠하냐!』(민 23:23)였다.

모스부호를 이용한 전신은 "웨스턴 유니온 전신회사" 등에 의해 널리 상용화되었는데, 전신의 첫 주요 고객은 속보가 생명인 신문사였고, 멕시코 전쟁, 미국 남북전쟁 등의 전쟁 시에도 전신이 커다란 역할을 수행하였다. 이후 금융과 철도 등 여러 영역으로 전신이 확대되면서

미국 전역으로 통신망이 구축되었고, 모스부호 전신은 국제적으로도 통용되기에 이르렀다. 또한 19세기 말에 무선전신이 발명된 이후로, 모스부호는 유선뿐 아니라 무선통신으로 활용되어 더욱 큰 힘을 발휘하게 되었다.

7. 헨리 모리스(Henry Morris, 미국의 공학자, 1918-2006)

현대 창조 과학의 아버지로 잘 알려진 헨리 모리스는 인본주의 진화론자들과 자유주의 신학자들을 꼼짝 못하게 만들면서 종종 다음과 같은 질문을 던졌다고 한다. "당신은 모든 것을 알지 못하는 인간의 말을 믿을 것인가, 아니면 모든 것을 아시는 하나님의 말씀을 믿을 것인가?" 그는 성경을 최종권위로 믿은 사람으로서 하나님의 권위 있는 말씀을 오류투성이의 과학적 견해에 끼워 맞춰서는 안 된다고 생각했다.

8. 요하네스 케플러(Johannes Kepler, 독일의 천문학자, 1571-1630)

천체물리학의 기초를 닦은 요하네스 케플러는 자신의 책에서 "천문학자는 자연이라는 책을 연구하는 지극히 높으신 하나님의 제사장"이라고 말했다.

그는 오직 하나님의 이름만이 드높여지기를 원했고

하늘들은 하나님의 영광을 선포한다고 믿었다(시 19:1). 또한 "외부 세계를 탐구하는 주된 목적은, 하나님께서 세워 놓으시고 수학의 언어로 인간에게 계시하신 합리적인 질서와 조화를 발견해 내는 것이다."라고 말했다.

로버트 보일, 존 레이, 칼 린네, 매튜 모리, 진 헨리 파브르, 제임스 심슨, 존 A. 플레밍, 해리 림머, 도날드 패튼 등 창조 과학자들에 대해 다 말하려면 이 좁은 지면으로는 부족하다. 이들은 과학자이기 전에 성경을 믿은 그리스도인들이었다. 그렇지 않았다면 주님으로부터 어떤 "좋은 평판"(히 11:2)도 얻지 못한 채 어리석은 인생으로 마감했을 것이다!

■ 새롭게 깨달았거나 적용할 내용이 있다면 적어 보세요. ■

NOTES

NOTES

복습 문제 정답

제2과	제4과
1. 보존	1. 뼈들
2. 엔트로피	2. 말, 글
3. O	3. 자아, 영
4. 멸망, 영존, 겉옷	4. 종류, 형상

<추 천 도 서>

철학과 과학

피터 럭크만 지음 / 440쪽 / 15,000원

독자들은 이 책에서 사람들이 숭앙하는 철학과 과학이 무엇인지 볼 것이며, 무엇이 진정 성경적인 가치관인지를 깨닫게 될 것이다.

창조에 도전하는 자들

노아 허칭스 지음 / 120쪽 / 4,000원

본서에서 허칭스 박사는 하나님께서 생물들을 어떻게 번성케 하시는가에 대해 성경적이고 과학적인 설명을 제시한다.

과학으로 본 진화론의 허구

밴스 페렐 지음 / 688쪽

28,000원(eBook 19,900원)

수천 가지 과학적 사실들로 진화론의 모든 영역을 반증한다. 1,350가지 과학적 인용문들과 참고도서들이 제시된다.

진화론자 친구들에게

토마스 하인즈 지음 / 256쪽 / 7,000원

수십억 년 전에 "원시 유기물 스프"에서 생명체가 형성될 수 있었을까? 본서는 과학적 사실들이 어떻게 생명의 근원이신 창조주에 대해 증거하고 있는지 알려준다.

솔로몬 성경공부 시리즈
성경은 과학에 관해 무엇이라고 말씀하는가?

초판1쇄 2022년 3월 25일
초판2쇄 2022년 4월 20일
지 은 이 / 편 집 부
발 행 인 / 박 승 용
발 행 처 / 말씀보존학회
출판등록 / 1988. 12. 12. 제16-223호
주 소 / 서울 강서우체국 사서함 제90호
전 화 / (02) 2665 - 3743
팩 스 / (02) 2665 - 3302
인 터 넷 / www.biblemaster.co.kr

값 10,000 원